PATRICK LE BESCO

PARLONS BRETON

langue et culture

Éditions L'Harmattan
5-7, rue de l'École-Polytechnique
75005 Paris

L'Harmattan Inc.
55, rue Saint-Jacques
Montréal (Qc) – CANADA H2Y 1K9

Collection **Parlons**
dirigée par Michel Malherbe

Déjà parus :

Parlons coréen, 1986, M. MALHERBE, O. TELLIER, CHOE JUNG WHA.
Parlons hongrois, 1988, CAVALIEROS, M. MALHERBE.
Parlons wolof, 1989, M. MALHERBE, CHEIKH SALL.
Parlons roumain, 1991, G. FABRE.
Parlons swahili, 1992, A. CROZON, A. POLOMACK.
Parlons kinyarwanda-kirundi, 1992, E. GASARABWE.
Parlons ourdou, 1993, M. ASLAM YOUSUF, M. MALHERBE.
Parlons estonien, 1993, F. DE SIVERS.
Parlons birman, 1993, M. H. CARDINAUD, YIN XIN MYINT.
Parlons lao, 1994, C. NORINDR.
Parlons tsigane, 1994, M. KOCHANOWSKI
Parlons bengali, 1994, J. CLÉMENT .
Parlons pashto, 1994, L. DESSART.
Parlons telougou, 1994, O. et D. BOSSÉ.
Parlons ukrainien, 1995, V. KOPTILOV
Parlons euskara, 1995, T. PEILLEN
Parlons bulgare, 1995, M. VASSILEVA.
Parlons népali, 1996, P. ET E. CHAZOT
Parlons soninké, 1995, CH. GIRIER
Parlons Somali, 1996, M. D. ABDULLAHI
Parlons Indonésien, 1997, A.-M. VAN DIJCK, V. MALHERBE
Parlons géorgien, 1997, I. ASSIATIANI, M. MALHERBE.
Parlons japonais,1997, P. PIGANIOL

À paraître :

Parlons mongol, lapon, letton, malgache, ingouche, albanais, kurde etc.

ISBN : 2-7384-5506-9

PRÉFACE

Ce volume de la collection « Parlons » déroge quelque peu à la conception des autres ouvrages de cette série. C'est que le breton à un statut particulier : il fut pendant des siècles langue vernaculaire, et méprisée, d'une grande partie de la Bretagne, la noblesse ayant abandonné assez tôt le breton au profit du français. Il n'existe au moyen-âge aucune tradition savante en breton. La politique de francisation menée par le Gouvernement français a porté des coups irrémédiables à sa pratique traditionnelle ; dans une trentaine d'années s'éteindront les derniers locuteurs traditionnels.

En cette fin de vingtième siècle, d'autres idéologies sont apparues : « le respect des cultures, le droit à la différence, le retour à ses racines » et le regard sur le breton a changé. Autrefois objet de honte et de mépris, sa connaissance est maintenant regardée comme une marque d'authenticité, de plus on sait que la France s'appelait autrefois la Gaule et qu'elle était de langue celtique, ce qui confère au breton, qui est lui aussi une langue celtique, un certain respect.

Ce mouvement, général en Europe, ce changement de regard sur les cultures traditionnelles, est particulièrement vivace en Bretagne : depuis le début du siècle, des Bretons tentent de relever le défi. C'est-à-dire que, s'engageant à contre courant de l'abandon progressif du breton traditionnel par les couches populaires, ils s'engagent dans une pratique active de la langue en s'efforçant de créer une littérature, d'adapter progressivement le breton aux exigences du monde moderne et de créer une classe d'intellectuels de langue bretonne. Le pari est le suivant : élaborer à partir des parlers locaux traditionnels une langue moderne qui, à terme, est appelée à prendre le relais de la langue traditionnelle dont les jours sont maintenant comptées.

Le résultat de ces efforts est surprenant : plusieurs dizaines de livres par an sont publiés, il existe des revues et un système scolaire en pleine expansion. Malheureusement, cette pratique active du breton, bien qu'en pleine progression, est bien loin de contrebalancer la disparition rapide (sept à huit mille par an) des locuteurs du breton traditionnel. Force est de constater que les signes encourageants, les actions et les réalisations en faveur du

« néo-breton » sont inversement proportionnels à sa pratique traditionnelle.
Les trente prochaines années vont être décisives pour l'avenir de cette langue : après la disparition des locuteurs des parlers locaux, les partisans du renouveau arriveront-ils à drainer dans leur sillage suffisamment d'enthousiastes pour prendre la relève ?
Cet ouvrage tente de décrire ces deux aspects de la culture bretonne : la littérature traditionnelle, les dialectes et leur déclin, et, d'autre part, l'émergence de la langue moderne et sa propagation par des militants. Dans la partie grammaticale, on trouvera un exposé de la langue écrite moderne communément utilisée, en évitant de rentrer dans les méandres des nuances dialectales.

1 INTRODUCTION GENERALE

But du présent ouvrage[1]**.**

Le présent ouvrage a pour but de faire connaître au grand public la langue bretonne[2], *ar brezhoneg*, et sa culture. Par le terme *culture* j'entends aussi bien la description du passé qu'une description des tendances issues du militantisme linguistique (renouveau, néologie, extension de l'enseignement etc.). Bien que cet aspect de la culture bretonne ne concerne qu'une faible partie des Bretons et ne soit en aucun cas une évolution populaire, cela doit être considéré. Ne pas en parler consisterait déjà en une prise de position contre cette tendance, les tentatives de restauration du breton font aussi partie de son histoire.

Ce qui est important, en revanche, est de ne pas mélanger ces deux aspects de la culture bretonne. Pour donner un exemple concret, on ne peut mettre sur le même plan l'auteur d'une *Vie des saints* au siècle dernier et l'auteur qui à notre époque écrit des romans en breton. L'un s'adressait à ceux des bretonnants monolingues qui savaient lire et avaient les moyens de s'acheter un livre. L'autre s'adresse à un petit groupe de gens dont la langue dominante est le français, qui sont cultivés, et qui sont généralement néo-bretonnants.

On verra la place que tient le breton parmi les langues celtiques, on examinera les divers aspects de la littérature bretonne du moyen-âge à nos jours. La langue bretonne étant une langue en déclin nous verrons de quelle façon, pourquoi, et depuis quand elle décline. Ensuite on présentera un rapide historique du mouvement breton avec un exposé de ses réalisations et de ses désirs.

Sur le plan linguistique, on pourra lire une description de la langue, la plus claire possible, je l'espère. On trouvera également quelques conversation simples expliquées pour aider le lecteur à s'initier au breton.

Le lecteur désirant avoir une approche plus technique de la phonologie et de la phonétique du breton trouvera en annexe les

---

1 Je remercie M. Le Dû qui a relu ce travail à l'état de manuscrit.

2 L'usage est de diviser la Bretagne en deux zones, la Basse-Bretagne, traditionnellement de langue bretonne, et la Haute-Bretagne, traditionnellement de langue romane.

systèmes phonologiques de divers parlers ainsi qu'un court exposé sur la phonétique du breton.
On trouvera aussi en annexe l'explication et la valeur de certains symboles phonétiques.

Les langues celtiques.
Le groupe des langues celtiques, auquel appartient le breton, se divise en deux sous-groupes : le groupe brittonique, avec le breton, le cornique, le gallois, le gaulois et le picte. Le groupe gaélique comprend l'écossais, l'irlandais et le manx. Les langues de cette famille linguistique ne sont plus parlées maintenant que dans des zones se rétrécissant de plus en plus. Certaines ont disparu: le gaulois ainsi que toutes les autres langues celtiques de l'Antiquité et le picte. Certaines ne survivent que grâce à l'enthousiasme de néo-locuteurs, tel le cornique et le manx. L'irlandais, bien que langue officielle de l'Éire(Irlande), est également en déclin, seul le gallois se transmet massivement aux jeunes générations et présente des signes étonnants de vitalité comme une presse hebdomadaire populaire et des groupes de rock galloisants qui ont un succès énorme auprès des jeunes locuteurs, y compris ceux ne se piquant pas de militantisme linguistique. Dans le même temps, des bretons s'inscrivent dans les Cercles Celtiques, mettent les chapeaux à guides et les coiffes de leur grands-parents, lèvent le pied, soufflent dans des binious et parlent français.
La plus grande extension des langues celtiques se situe aux alentours du 1er siècle avant notre ère et elle comprend approximativement les zones suivantes :

-Les îles britanniques (c'est-à-dire ce qui est maintenant l'Angleterre, l'Écosse, l'Irlande, l'Ile de man, le Pays de Galles).

-La Gaule (couvrant ce qui est aujourd'hui la France, la Suisse, la Belgique, la Rhénanie).

-L'Italie du nord.

-L'Allemagne.

-L'Autriche de l'ouest.

-Une partie de la Hongrie : la Pannonie.

-L'Anatolie.

Un des traits distinctifs les plus remarquables des langues brittoniques et des langues gaéliques est le parallélisme existant dans le traitement de l'indo-européen[1] $*K^w$, devenant *k* dans les langues gaéliques, que l'on appelle donc *langues celtiques en Q*. Ce même $*K^w$ devient *p* dans les langues brittoniques, que l'on appelle donc *langues celtiques en P*.

Ainsi:

latin	gaélique	breton	français
qui	*cia*	*piv*	« qui »
	ceann	*penn*	« tête »
	casacht	*pas*	« toux »
quattuor	*ceathair*	*pevar*	« quatre »
quinque	*cúig*	*pemp*	« cinq »
	mac	*mab*	« fils »

La parenté de certains termes met également en évidence le caractère indo-européen des langues celtiques : irlandais *máthair* « mère », latin *mâter*, grec *ματηρ*, vieil-indien *mâtár*, allemand *Mutter* etc. ; irlandais *athair* « père », latin *pater*, grec *πατηρ*, sanskrit *pitár-*, vieux-persan *pitâ* ; allemand *Vater* etc.

Place du breton dans les langues celtiques.

Le breton est une langue celtique, c'est-à-dire qu'elle est apparentée au cornique, au gallois, à l'irlandais, au manx et à l'écossais. « Apparentée » ne signifie rien de plus qu'elles sont parentes, qu'elles ont un certain nombre de points communs caractéristiques de cette famille de langues. Cela ne signifie rien de plus et certainement pas que l'intercompréhension entre des

---

[1] On appelle indo-européen l'ensemble des langues qui, de l'Inde à l'Irlande, exceptées les langues finno-ougriennes, le basque et les langues du Caucase, présentent des traits de parentés certains. Ces langues ont un vocabulaire commun, qui n'est pas le fait d'emprunts mutuels. Elles présentent aussi certains faits morphologiques communs. Cette parenté est également mis en évidence par le caractère régulier des changement phonétiques.

locuteurs du breton et des locuteurs d'une autre de ces langues soit possible. C'est là une légende tenace : combien de fois a-t-on entendu dire que des marins bretons conversaient avec des marins gallois ou irlandais ? En revanche, on ne trouve jamais personne pour dire « je parle breton à des Gallois et à des Irlandais, eux me répondent dans leur langue et nous nous comprenons. »
Lorsque l'on sait que la langue bretonne est morcelée en dialectes au point que l'intercompréhension entre tous les bretonnants traditionnels n'est pas possible, en breton, on se demande comment une telle absurdité a pu naître. On peut très facilement établir des listes de vocabulaires communs au breton et au gallois, et cela se fait souvent, mais une langue n'est pas composée que de mots : il y a aussi la syntaxe et la morphologie. Ce sont en fait des listes très limitées, les auteurs les indiquent généralement pour défendre l'idée d'une celtitude commune et originale unissant les populations celtiques, le fait de savoir que ces langues sont apparentées devrait pourtant suffire. Mais ce sont surtout des non-celtophones qui répandent ces idées : ne sachant aucune langue celtique, ils sont d'autant plus attachés au pan-celtisme.
Regardons cette liste de verbes intentionnellement choisis parce que communs au breton et au gallois ; j'évite même ceux qui, quoique communs, seraient prononcés de façons trop différentes en Bretagne suivant les dialectes :

breton	gallois	français
deskiñ	*dysgu*[1]	« apprendre »
preniñ	*prenu*	« acheter »
gwelet	*gweled*	« voir »
kaniñ	*canu*	« chanter »

Regardons maintenant la phrase la plus simple possible, par exemple en construisant avec ces verbes le présent à la première personne du singulier. Le breton utilise régulièrement trois façons de conjuguer (voir les détails au chapitre sur le verbe), le gallois

[1] *u* se prononce /i/.

n'utilise généralement qu'une seule façon d'exprimer cette notion :
exemple : « j'apprends »:
breton : *deskiñ a ran / me a zesk / deskan.*
gallois : *yr ydywf i yn desku.*

Ce qui veut dire que ces fameux mots communs au breton et au gallois rentrent dans des syntaxes tellement différentes qu'on ne les reconnaît plus. Il convient de signaler, de plus, que le breton emprunte largement des mots au français et le gallois à l'anglais.
Le cornique est en revanche beaucoup plus proche du breton et les mêmes verbes cités plus hauts sont en cornique : *dyski, prena, gweles, kana* ; la phrase précitée est en cornique : *my a dhesk / deskav*. Le vocabulaire commun au cornique et au breton (mais dans sa prononciation du Nord-Finistère uniquement) est beaucoup plus important que celui commun au breton et au gallois. On a la preuve d'échanges entre bretons et corniques jusqu'au XVIe siècle.
S'il est facile d'établir des listes de mots communs aux langues brittoniques, les mots communs aux langues brittoniques et aux langues gaéliques sont, en revanche, plus rares et il faut être linguiste pour les identifier :

breton	gaélique	français
gour	*fear*	« homme »
gwir	*fíor*	« vrai »
gwin	*fíon*	« vin »
skuizh	*scíth*	« fatigué »
ti	*teach*	« maison »
yaouank	*óg*	« jeune »

Ce qui est déterminant pour définir la parenté des langues, ce n'est pas des listes de mots communs, ceci n'est qu'anecdotique. En se basant uniquement sur les similitudes de vocabulaire, on serait tenté de classer l'anglais parmi les langues romanes (il y entre quatre-vingt et quatre-vingt-cinq pour cent de mots d'origine romane en anglais (qui viennent du français, du franco-normand et du latin), plus que n'en empruntera jamais le breton), en revanche, la structure de la langue et principalement celle du verbe prouve bien qu'il s'agit d'une langue germanique.

Il en est de même pour le breton, c'est la structure de la langue qui montre bien qu'il est une langue celtique.
On pourra examiner ici succinctement quelques uns de ces rapports structurels.
Les mutations initiales : l'initiale des mots est susceptible d'être modifiée en fonction du mot qui précède, ces mutations affectent généralement les consonnes, plus rarement les voyelles, par exemple :

breton : *bro* « pays », *ar vro* « le pays ».

cornique : *tas* « père », *aga thas* « leur père ».

gallois : *Cymru* « Pays de Galles », *yng Nghymru* « au Pays de Galles ».

irlandais : *maireachtáil* « vivre », *do mhaireas* « je vécus ».

manx : *baatey* « bateau », *my vaatey* « mon bateau ».

écossais : *Gàidhlig* « gaélique », *a' Ghàidhlig*, « le gaélique ».

Les langues celtiques ont en commun de pouvoir suffixer des désinences personnelles aux prépositions, faisant ainsi des prépositions conjuguées ; voyons quelques exemples : les différentes façons de conjuguer « de ». On trouvera en premier lieu la forme non-fléchie puis les différentes personnes, sg. 1, 2, 3m. , 3f. pl. 1, 2, 3, c'est-à-dire « de moi, de toi, de lui, d'elle, de nous, de vous, d'eux ». Notons que les formes non-conjuguées des langues gaéliques et du gallois sont très proches des formes non-conjuguées bretonnes et corniques mais ne sont pas apparentées.

breton *a, ac'hanon, ac'hanout, anezhañ, anezhi, ac'hanomp, ac'hanoc'h, anezhe.*

cornique : *a, ahanaf, ahanas, anodho, anedhy, ahanan, ahanough, anedha.*

gallois : *o, ohonof, ohonot, ohono, ohoni, ohonom, ohonoch, ohonynt.*

irlandais : *ó, uaim, uait, uaidh, uaithi, uainn, uaibh, uathu.*

manx : *voish, voym, voyd, voish, veih, voin, veue, voue.*

écossais : *o, uam, uat, uaidh, uaipe, uainn, uaibh, uapa.*

Un autre fait particulièrement remarquable des langues celtiques est l'absence de verbe « avoir ». Cette notion s'exprime à l'aide

du verbe « être ». Les langues gaéliques et le gallois expriment ce concept à l'aide du verbe « être » et d'une préposition conjuguée, le cornique et le breton avec le verbe « être » et des pronoms infixes.
exemple : « j'ai une fille ».
gaélique : *tá iníon agam,*. « il y a une fille à moi ».
gallois : *mae ganeth gyda fi,*. « il y a une fille avec moi[1] ».
cornique : *my y'm beus myrgh,*. « je me est une fille ».
breton : *me am eus ur verc'h,*. « je me est une fille ».

Sources du vocabulaire breton.
Le vocabulaire breton trouve ses sources dans le fonds celtique et est identifiable par la comparaison avec les autres langues celtiques; Bon nombre de ces mots sont identifiables dans d'autres langues indo-européennes. Les autres sources de son vocabulaire sont le français, et ce de façon constante depuis le début de son histoire, ainsi que le latin.

Fonds celtique.
C'est bien entendu la source principale de son vocabulaire. Voici quelques exemples :
-*breur* (vieux-breton *brotr*) « frère », gallois, *brawd*, cornique *broder*, gaélique *bráthair*, gaulois *Bratonos* (patronyme). C'est un mot bien attesté dans de nombreuses langues indo-européennes : allemand *Bruder*, anglais *brother*, langues scandinaves *broder, bror*, russe *брат* latin *frater* etc.
-*gavr* « chèvre », gallois *gafr*, cornique *gaver*, gaélique *gabhar*, gaulois *gabro-*, attesté également en occitan *gabre* « vieux bouc ».
-*marv* « mort », gallois *marw*, cornique *marow*, gaélique *marbh*, également attestée dans d'autres langues indo-européennes: russe *мёртвый*, lithuanien *mirti*, latin *morior*.

---

[1] On trouve parfois dans la langue poétique du moyen-gallois *a m ys*.

-*merc'h* « fille » (par la parenté), gallois *merch*, cornique *myrgh*, attesté également en lithuanien *mergaitė* « fille » (par le sexe).
-*nant*[1] « sillon », gallois *nant* « ruisseau », cornique *nans* « vallée », attesté également en franco-provençal de Haute-Savoie *nant* « ruisseau ».
-*neñv* « ciel », gallois *nef*, cornique *nev*, irlandais *neamh*, attesté également en sankrit *nábhaḥ*, à moins qu'il ne s'agisse de *námaḥ*.
-*redek* « courir », gallois *rhedeg*, cornique *resek*, gaélique *rith*.

Fonds français.

Les emprunts français sont nombreux en breton : les textes moyen-bretons et les ouvrages de dévotion abondent en emprunts divers, substantifs, adjectifs, verbes. Ces emprunts ont plusieurs fonctions : en moyen-breton, ils sont là pour donner un peu d'élégance au texte, la langue de la noblesse étant le français, et aident aussi manifestement l'auteur, qui écrit dans un système de versification complexe (voir le chapitre consacré à la littérature en moyen-breton) à trouver les rimes nécessaires. Dans les ouvrages de dévotion, ils ont aussi cette fonction de donner du vernis à une langue peu estimée, ils permettent aussi de pallier les carences de vocabulaire du breton : comme on ne forme pas d'élites intellectuelles en breton et comme il n'y pas de penseurs bretons, l'emprunt au français reste inévitable d'autant que les traducteurs de ces ouvrages originellement écrits en français craignent de mal traduire et d'être accusés de mal transmettre les enseignements de l'Église.

De nombreux emprunts français que l'on trouve donc dans ces textes en moyen-breton ont donc eu une vie brève. Citons quelques emprunts de cette période : *conuersiff, cornemus, langour, iubilation, iolis, polisaff*, « converser, cornemuse, langueur, jubilation, joli, polir ». Examinons maintenant quelques emprunts que l'on trouve dans des ouvrages de

[1] *ant* dans la plupart des parlers bretons, le *n-* a été compris comme faisant partie de l'article dans *an nant* « le sillon », d'où *an ant*

dévotion modernes : *considerein, chagrin, troublein, jugein, interior, combat, expliquein, abandonnet* « considérer, chagrin, troubler, juger, intérieur, combat, expliquer, abandonné ». Certains de ces emprunts sont parfaitement logiques bien qu'il existe des équivalents bretons connus de tous. Par exemple *interior* : le mot *diabarzh* est courant, mais le traducteur parle de « réflexions intérieures », le mot *diabarzh* est, du point de vue du traducteur, trop marqué par l'emploi quotidien et domestique qu'il connaît et ne lui paraît donc pas convenir pour l'exercice de l'esprit qu'il propose. Dans le même ouvrage on trouvera le mot *diabarzh* avec son sens usuel. Regardons aussi le mot *combat* : des termes exprimant cette notion existent en breton, *stourm, emgann, kann*, mais l'auteur parle ici de « combat spirituel », et les mots qu'il connaît sont probablement pour lui trop connotés de « combat au sens physique du terme ».
Examinons maintenant quelques mots empruntés au français et dont la présence est depuis longtemps attestée en breton :
labour « travail », fr. *labour.*
marchosi « écurie », vieux-fr. *marchaucie.*
memes « même », vieux-fr. *mesmes.*
morse « jamais », fr. *morceau.*
net « propre », fr. *net.*
paeañ « payer », fr. *payer.*
pardoniñ « pardonner », fr. *pardonner.*
plijout « plaire », fr. *plaisir.*
plouz « paille », fr. *pelouse.*
poent « moment », fr. *point.*
pourmen « promener », fr. *promener.*
puñs « puits » fr. *puits.*
rejouisiñ « se réjouir », fr. *réjouir.*
resev « recevoir », fr. *recevoir.*
retorn « retourner », fr. *retourner.*
sizailh « ciseaux », fr. *cisaille.*
sklaer « clair », vieux-fr. *esclarir.*
soñjal « penser, réfléchir, se rappeler » (en fait tout exercice de l'esprit), fr. *songe.*
spont « peur », vieux-fr. *spontaill.*

Le breton, nous l'avons vu, est une langue en déclin, la diminution du nombre de locuteurs s'accompagne d'un appauvrissement de la langue. Les locuteurs actuels vivent dans un univers francophone, la pratique du breton se restreint généralement à l'usage familial. Il n'en était pas de même jusque dans les années soixante (avant pour certaines localités) où le breton était la langue vernaculaire de la quasi-totalité de la Basse-Bretagne. Le nombre de mots empruntés au français va donc croissant et est plus important chez les locuteurs les plus jeunes.

Fonds latin.

Voici quelques exemples de mots courants empruntés au latin:
frouezh « fruits », lat. *fructus.*
kastell « château », lat. *castellum.*
kemenn « commander », lat. *commendare.*
kreskiñ « augmenter », lat. *crescere.*
laezh « lait », lat. *lactem.*
liamm « lien », lat. *ligamen.*
mank « erreur », lat. *mancus.*
melezour « mirroir », lat. *miratorium.*
ober « faire », lat. *opera.*

Les mots bretons en français.

On traitera ici les mots bretons se trouvant uniquement en français standard :
balai, vieux-fr. *balain*, br. *balan* « genêt »
bijou, br. *biziou* « doigts »
biniou, br. *biniou.*
boitte « appât », br. *boued* « nourriture »
cohue, br. *koc'hu* « halle »
darne « tranche », br. *darn* « partie »
dolmen, br. *taol vaen* (l. « table pierre »)
faim-valle « boulimie subite des chevaux », fr. faim, br. *gwall* « mauvais »
goéland, br. *gouelan.*
goémon, br. *goumon.*
menhir, br. *maen* « pierre » + *hir* « long ». Bien que ce mot soit constitué de deux mots bretons il convient de signaler que ce composé n'existe pas en breton, le mot usuel est *peulvan.*
raz, br. *raz* « détroit avec courant rapide ».

On ne peut clore ce chapitre sur les mots bretons en français sans parler du fameux *baragouin*, et de ses dérivés *baragouinage baragouineur baragouiner*, qui représentent le « langage confus d'un étranger ». On a l'usage de le rattacher à *bara* « pain » et *gwin* « vin », et ce seraient des Bretons faisant le pèlerinage à Saint-Jacques-de-Compostelle qui, sur leur route, auraient demandé à des personnes de rencontre de quoi se nourrir. L'explication est extrêmement tentante mais elle mérite tout de même un examen approfondi. L'argument de cette explication est culturel, l'emprunt daterait du XIVe siècle : ceci est cependant contestable sur deux points il n'y aucun texte de cette époque narrant le passage de pèlerins bretons et rapportant la façon dont ils tâchaient de se procurer des vivres. Cette explication ne s'appuie donc sur aucune preuve, c'est une supposition. D'autre part le paysan breton du XIVe siècle ne consomme pas de vin, pour lui le vin est ce que le prêtre transforme en sang du Christ lors de la messe. Il semble plutôt qu'il faille voir là un composé de *baratter* « s'agiter », dans lequel on reconnaît le mot *baratte* plus *gouiner* (français moderne *couiner*), on a donc bien là la notion de « gesticuler en criant[1] ».

Le français de Basse-Bretagne.

Pour des raisons diverses il s'est engagé un processus, ce tout particulièrement depuis la dernière guerre, d'abandon de la langue bretonne par les Bretons. Cet abandon a consisté à transmettre aux enfants une langue que l'on connaissait mal ; on transmettait un français largement influencé par la langue vernaculaire dominante : le breton. Cette influence était sensible à tous les niveaux. La phonologie : présence dans le français local de phonèmes n'existant pas en français mais faisant partie du système phonologique du breton. La phonétique : les phonèmes du français étaient prononcés de la façon dont on prononce les phonèmes du breton. La syntaxe : la structure de la phrase du français régional suit dans bien des cas la syntaxe du breton. Le

---

1 Voir Pierre Guiraud, *Dictionnaire des étymologies obscures*, Paris, Payot 1994.

lexique : les locuteurs sachant mal le français, ils empruntaient largement au breton.

Le français parlé en Bretagne se standardise rapidement; certaines expressions comme « J'ai envoyé mon sac avec moi » (breton *Me 'm eus kaset ma sac'h ganin* « j'ai apporté mon sac »), restent toutefois parfaitement vivantes.

Les parlers français locaux les plus caractéristiques et qui ont été étudiés sont ceux de Douarnenez, le *penn-sardin* (du nom de la coiffe locale), de Groix et de Belle-en-Mer.

Le gaulois.

Savoir si le breton est l'évolution moderne du gaulois est un problème qui a largement été discuté et qui a même fait l'objet de disputes polémiques. Il a fallu les recherches systématique en histoire et en philologie, notamment celles de Léon Fleuriot et de Nora Chadwick, pour que les faits s'éclaircissent et parlent d'eux mêmes.

Il apparaît que les liens culturels entre la Gaule et la Bretagne insulaire étaient suffisamment étroits pour que la formation de l'élite gauloise se fasse en Bretagne insulaire. César rapporte dans son *De bello gallico* livre VI, partie XIII : *Disciplina in Britannia reperta atque inde in Galliam translata esse existimatur : et nunc, qui diligentius eam rem cognoscere volunt, plerumque illo discendi causa proficiscuntur.* « Il est dit que leur science fut découverte en Bretagne [= Bretagne insulaire] et a été de là apportée dans la Gaule, ceux qui maintenant veulent la connaître à fond, vont l'étudier dans cette île. » Il y a donc entre ces deux pays une profonde unité culturelle, les divergences linguistiques ne doivent logiquement pas être plus que des différences d'ordre dialectal.

Dès le IVe siècle, et sous la pression des avances saxonnes, des Bretons insulaires émigrent en Gaule, principalement en Armorique. Cette émigration était d'abord surtout le fait de corps d'armées et dès le Ve siècle l'Empire romain laissait la défense de l'Armorique à des *foederati* bretons insulaires et tout particulièrement le territoire des Ossismes et des Vénètes.

Dès la fin du Ve siècle l'émigration des Bretons en Armorique prit un tour plus systématique et fit l'objet d'accords légaux entre les grands clercs à la tête politique du nord de la Gaule. Ces accords furent passés entre les Gaulois Germain d'Auxerre et Loup de Troyes, les chefs romains de cette région, Aetius et Syagrius et d'autre part les responsables romains du sud de l'île tel Ambosius Aureliamus. Un traité de 497 eut pour objet de concentrer les émigrés sur le territoire des Ossimes, des Vénètes et des Coriosolites. Si les émigrations du IVe siècle étaient surtout le fait de corps d'armées, les émigrations du Ve siècle sont constituées de groupes entiers composés de familles avec leurs chefs et leurs druides. Il est difficile de donner une date, même approximative, de l'arrêt de ces émigrations, elles semblent se tarir au Xe siècle.

Si ces éléments sont sûrs, il en est un, en revanche, qui pose de grands problèmes aux historiens : quelles langues parlait-on en Armorique lorsque les premiers colons arrivèrent? Ont-ils trouvé un pays entièrement romanisé? en voie de l'être? partiellement romanisé? dans quelle mesure parlait-on encore gaulois? si toutefois on le parlait. Il existe de nombreux témoignages sur la persistance du gaulois au moins jusqu'au Ve siècle. On peut citer ici deux des plus probants de ces témoignages : saint Jérôme (331-420), qui signale que les Galates, donc en Asie Mineure, parlent la même langue que les Trévires (tribu gauloise qui vivait dans l'actuelle Moselle). Sidoine qui vécu de 430 à 489 signale que la noblesse arverne venait seulement d'abandonner l'usage du gaulois pour adopter le latin. Cette remarque implique que les paysans qui forment la quasi-totalité de la population parlent encore gaulois.

On peut, de plus, citer le cas du basque qui existait avant les conquêtes romaines et qui a perduré jusqu'à nos jours. L'on constate également que le breton, après un siècle d'école française obligatoire, un développement exceptionnel des voies de communication, des moyens de transport et des médias est encore vivant. Donc, a priori, dans l'Armorique des premiers siècles de notre ère, le gaulois aurait pu survivre. Mais ce sont là des conjectures et il est indispensable de s'appuyer d'abord sur des faits. Or de nombreux éléments nous font penser que la romanisation était particulièrement avancée dans la région de Vannes (Darioritum) où les vestiges gallo-romains sont beaucoup plus nombreux que dans le reste du pays.

De plus certaines caractéristiques phonétiques du dialecte du sud-est laissent supposer que ce dialecte a bénéficié d'un fort substrat roman. Ces caractéristiques sont les suivantes :

-La palatalisation de /k/ et /g/ devant /i/ et /e/[1]. Cette évolution des langues romanes date du IIe siècle et est à peu généralisée dès le IIIe siècle, donc avant les premières émigrations bretonnes. Ce qui fait que la langue que parlaient ces émigrés se serait développée sur un fort substrat roman, phénomène tout à fait courant. Si les langues romanes diffèrent tant entre elles, c'est en grande partie parce qu'elles se sont développées chacune sur un substrat différent.

-Cette influence d'un substrat roman particulièrement fort dans le dialecte du sud-est est confirmée par un nombre d'emprunts romans plus important dans ce dialecte que dans les autres. Parallèlement à ce substrat roman évident, on trouve dans le dialecte du sud-est un certains nombre d'évolutions phonétiques dont on retrouve également la tendance en cornique :

-L'évolution du /θ/ historique en /x/ (réalisé [h] dans la plupart des cas, fréquemment ø), cette évolution se retrouve en cornique tardif, exemples :

breton *meurzh* « mars »

KLT.	dialecte du sud-est	cornique tardif
/mørs/	/mørx/	*merh*

breton *perzh* « part »

/pers/	/perx/	*perghy, perchi*[2]

breton *liorzh* « jardin »

/ljors/	/ljorx/	*lowar*

breton *saezh* « flèche » :

	disparu	*segh*

---

[1] Le contraire, c'est à dire un substrat gaulois en français, doit être rejeté pour deux raisons. D'une part parce que cette palatalisation n'affecte pas l'ensemble du domaine roman qui s'est développé sur la Gaule, et d'autre part parce qu'elle n'est pas attestée en gaulois.

[2] C'est en fait un verbe, *perthy* « souffrir, posséder », construit sur ce mot.

-la diphtongaison de /i/ en position tonique, ce n'est qu'une tendance en cornique tardif, en revanche dans le parler de la région d'Auray c'est un fait systématique :

breton *tri* « trois » :

KLT.	parler de la région d'Auray	cornique tardif
/tri/	/trəj/	*trei*
breton *ti* « maison »		
/ti/	/təj/	*chey*
breton *c'hwi* « vous » :		
/xwi/	/ẃəj/	*whei*

-Le groupe /kn/ se maintient en cornique, gallois et dans le dialecte du sud-est :

moyen breton *cnou* « noix » :

KlT.	vannetais traditionnel	gallois	cornique
kraoñ	*keneu*	*cnau*	*know*
-moyen-breton *cneau* « toison »:			
kreoñ	*kaneù*	*cnaif*	*knew*

On sait que lorsqu'une langue se développe au contact d'une autre, elle subit l'influence phonétique et lexicale de cette autre langue, c'est le phénomène des langues de contact. Cependant les faits grammaticaux qui forment l'armature même de la langue sont généralement beaucoup plus tenaces et témoignent de manière certaine des origines de cette langue issue du contact de deux autres. Dans le dialecte du sud-est, on trouve précisément un certain nombre de mots-outils et de flexions communes avec le gallois à différentes époque de son histoire et qui n'existent pas en KLT.

-vannetais *àr* « sur », vieux-gallois *ar*, KLT. *war*.

-vannetais *dar* « sur », moyen-gallois *dar*.

-vannetais *zo*[1] (*di* + *o*) « de », gallois *o*.

-vannetais at[2] « de », gallois id. ; KLT. *ad-* « re- » (préfixe).

-vannetais *-ant* (flexion pl. 3 des verbes), gallois *-ant*, KLT. *-ont*.

---

[1] Cette préposition était en usage à Belle-Ile-en-Mer et à Groix.

[2] Cette préposition était en usage à Belle-Ile-en-Mer.

On voit que l'on a suffisamment d'éléments en mains pour constater que le breton est une langue de contact résultant d'apports insulaires et de roman. L'apport des deux langues varie suivant les régions, c'est-à-dire vraisemblablement selon le pourcentage des locuteurs des deux langues en présence. Les communautés devaient étroitement s'imbriquer : le passage d'un dialecte à l'autre se fait progressivement. On peut noter une preuve négative supplémentaire excluant, en tout état de cause, un fort apport gaulois : il n'y a pas un seul mot attesté en gaulois et en breton uniquement. Il y a des mots attestés en gaulois, en breton et dans une autre langue brittonique, ce qui fait que l'on ne peut savoir si les parentés de vocabulaire entre le breton et le gaulois ne sont pas d'abord des parentés entre gaulois et brittonique insulaire. On peut difficilement imaginer que si le breton venait du gaulois on ne puisse trouver aucune similitude de vocabulaire probante.

La dernière question délicate est celle de l'accent, le vannetais a un accent de longueur sur la dernière syllabe, le KLT. et le gallois sur la pénultième, le vieil irlandais sur la première syllabe, en gaulois, il porte sur l'antépénultième, l'initiale ou la dernière syllabe. Cette diversité des faits empêche toute reconstitution de l'accent en celtique antique.

Cette question a fait l'objet de débats polémiques extrêmement curieux dans lesquels on retrouve les mêmes clivages que pour l'orthographe (voir ce chapitre infra), les mêmes parties pris : les tenants de l'Orthographe Universitaire, qui s'opposent généralement à une standardisation du breton sur le modèle des langues de culture, s'en tiennent à l'origine insulaire du KLT. et à l'origine gauloise du vannetais. Ceux qui, en revanche, pensent que le breton peut avoir un avenir, généralement des utilisateurs du *peurunvan*, et s'efforcent de faire, et de faire faire, en breton ce que l'on fait dans d'autres langues, penchent plutôt pour une origine brittonique des divers dialectes bretons. Ces positions partisanes ne sont pas, bien sûr, scientifiques et ne vont pas logiquement de pair.

2 LANGUE

L'orthographe.
L'une des caractéristiques du breton contemporain qui saute aux yeux, est la multiplicité des graphies utilisées. Ce fait accrédite auprès des populations bretonnantes que leur langue est morcelée au point que l'on a besoin d'avoir recours à plusieurs orthographes pour l'écrire, selon le dialecte. Ce qui est faux, ainsi que nous le verrons plus loin, les écrits traditionnels, c'est-à-dire ceux qui ont circulé parmi les populations bretonnantes (cantiques, vies de saints, catéchismes etc.) étaient écrits soit dans le standard du nord-ouest soit dans le standard du sud-est dit vannetais. Les écrits plus spécifiquement localisables sont rares, de plus lorsque l'on ne comprend pas, et ce par manque d'habitude et d'instruction en breton, il est facile de mettre cette difficulté sur le compte d'une différence dialectale.
Ces diverses orthographes du breton qui ont cours actuellement font penser à beaucoup de gens, et pas seulement parmi les Bretons, que les revendications culturelles liées à la langue bretonne ne sont pas très sérieuses, les tenants de ces revendications ne pouvant se mettre d'accord sur l'orthographe à utiliser. Lorsque l'on pense cela, on a bien sûr comme modèle les grandes langues de culture comme le français, l'anglais, l'allemand etc. Mais dans ces pays la question de l'orthographe est réglée parce qu'il existe une autorité qui décide ce qu'est la norme en matière de graphie. En Bretagne l'enseignement du breton n'en est qu'à ses premiers pas et il n'y aucune autorité qui statue sur la norme orthographique à utiliser, ce qui fait que les diverses vues des uns et des autres sur l'orthographe, et aussi sur le type de langues, sont parfaitement légitimes et sont diffusées. En fait, en l'absence d'une autorité imposant une norme il ne peut en être autrement, il n'existe que des standards. Le problème ne peut être réglé et chacun essayera de faire valoir sa propre réflexion sur ce que devrait être, selon lui, la langue.
Comme on l'aura sans doute deviné, les opinions des uns et des autres sur le standard à adopter ne sont pas uniquement le fait de réflexions esthétiques, stylistiques ou autres sur la langue : c'est pour une grande part le résultat d'une réflexion sur l'avenir du breton, pas son avenir d'un point de vue strictement objectif, mais l'avenir que les uns et les autres voudraient qu'il ait.
Il y a trois positions possibles :

-disparition du breton jugé inéluctable, opposition formelle au Mouvement Breton : absence totale de standards ; généralement utilisation de l'Orthographe Universitaire avec adaptations dialectales.

-le breton langue régionale, c'est-à-dire tenter de reproduire la langue traditionnelle et de la maintenir même dans le cas de la disparition progressive des locuteurs traditionnels. Transmettre en milieu scolaire des prononciations dialectales, que les enfants n'auront probablement que très peu l'occasion d'utiliser avec des dialectophones traditionnels. Utilisation donc de formes locales, ce qui est logique puisque l'avenir du breton n'est pas pensé dans sa totalité, donc à l'échelle de la Bretagne, mais à l'échelle du canton, voire de la commune. En matière d'enseignement le breton est présenté comme un outil pour ouvrir et éveiller les enfants au passé et à la vie traditionnelle de la commune. Dans ce cas les utilisateurs se servent de graphies standards dialectales : généralement l'Orthographe Universitaire ou de l'orthographe appelée *Etrerannyezhel*.

-le breton langue nationale : faire du breton une langue de culture à l'instar des grandes langues européennes, parler de tout en breton, faire que le breton soit à nouveau une langue vernaculaire : faire regagner au breton le terrain perdu et lui faire gagner des sphères qu'il n'a jamais occupées comme celle de l'enseignement *en breton* de matières autre que le catéchisme : donc enseigner une norme linguistique comme cela se fait pour les grandes langues.

On peut clore ce survol rapide des idéologies véhiculées par les diverses orthographes du breton en évoquant la question de la néologie. Ceux qui ne voient aucun avenir pour le breton n'en utilisent bien sûr pas. Ceux qui pensent l'avenir du breton comme celui d'une langue régionale les utilisent avec parcimonie et les prononcent, à peu près, de la façon qu'ils auraient eu dans le dialecte si ce n'étaient pas des néologismes. Les partisans du « tout breton » les utilisent largement puisque l'état de la langue traditionnelle ne permet pas de tout traiter en breton ; ils se servent généralement de l'orthographe *peurunvan*[1].

---

[1] Les adeptes de cette tendance sont parfois qualifié de « nationalistes bretons ». C'est manifestement un slogan

Ces remarques ne sont que des grandes lignes, l'orthographe la plus répandue est le *peurunvan*, viennent ensuite l'Orthographe Universitaire puis l'*etrerannyezhel*. Les barrières entre ces orthographes ne sont pas hermétiques et il n'est pas rare de voir des auteurs publier leurs textes dans différents systèmes selon les opportunités éditoriales qui s'offrent à eux. Notons également que la plupart des enseignants utilisent le *peurunvan*, que ce soit en cours du soir ou en milieu scolaire, de plus cette orthographe est la plus productive, que ce soit en ouvrages didactiques ou en production littéraire, elle se propage donc rapidement et les valeurs idéologiques qui vont de pair s'estompent.
Nous verrons ici comment fonctionne le *peurunvan*, puisque c'est dans ce système qu'est écrit cet ouvrage. En annexe, le lecteur trouvera une analyse succincte des graphies traditionnelles, de l'Orthographe Universitaire, de l'*etrerannyezhel*, ainsi que des exemples.

Le *peurunvan*.

Peurunvan signifie en breton « complètement uni », le but de cette orthographe est donc d'inclure au sein d'un même système des caractéristiques phonétiques propres aux grandes zones dialectales. La réforme orthographique de Le Gonidec dont nous avons parlé plus haut, très bien adaptée au dialecte nord-ouest,

---

polémique venant de personnes opposées à cette utilisation du breton et destiné à disqualifier les tenants de cette position auprès de l'opinion. Etre « nationaliste » implique que l'on ait un projet étatique, ce qui n'est pas le cas. Son utilisation dénote une certaine mauvaise foi et montre surtout de la part de ceux qui l'utilisent comme une insulte, un attachement à la vernacularisation du français en France.

Il y eu, certes, un projet d'État breton avant la dernière guerre; à l'heure actuelle, toutefois, les séparatistes bretons, s'ils existent encore, ne sont plus suffisamment nombreux pour s'organiser en mouvement.

Cette position de certains militants au regard du breton se retrouve à l'égard du yiddish dans les milieux yiddishistes. Dans ces milieux, les buts sont les mêmes, les procédés sont également semblables et, bien sûr, la question d'un État yiddish n'existe pas.

fut accommodée par les écrivains parlant des dialectes centraux et nord-ouest : c'est le standard KLT. Les écrivains s'adressant aux populations du sud-est avaient leur propre standard orthographique : le vannetais. Dès 1911 des pourparlers avaient lieu entre des écrivains utilisant les deux standards. En 1941 le gouvernement français laissa entrevoir la possibilité de l'enseignement du breton et des écrivains utilisant le vannetais et le KLT. s'entendirent pour unifier les deux systèmes graphiques. La difficulté sur laquelle avaient achoppé les écrivains depuis 1911 était de trouver des graphèmes communs pour représenter des sons différents mais étymologiquement apparentés. L'entente eut lieu le huit juillet 1941.

À l'heure actuelle les problèmes de représentation dialectale dans une orthographe du breton n'existent plus. La langue écrite a sa propre dynamique et les dialectophones natifs ne lisent plus le breton.

La plupart des lettres, ou combinaisons de lettres, ont la même valeur qu'en français, il reste les particularités suivantes :

c'h- représente les phonèmes /x/ et /h/ ; ex. *ar c'hazh, ar c'hi, e c'har, arc'hoazh, marc'h* « le chat, le chien, sa jambe à lui, demain, cheval ».

-ilh-, représente le phonème /l̃/. Dans une grande partie de la Bretagne ce phonème n'existe pas et est remplacé par /j/ ; ex. *dilhad* « vêtement ».

-añ, *-iñ* dans les noms verbaux représentent les graphies *-aff* et *-iff* du moyen-breton et qui représentaient respectivement -/aṽ/ et -/iṽ/. -/aṽ/ correspond au -/ã/ dans les parlers du Trégor, au -/a/ dans les parlers nord-ouest et en Cornouaille et a disparu des parlers du sud-est. -/iṽ/ correspond au phonème -/ĩ/ dans les parlers du Trégor, a -/i/ dans les parlers du nord-ouest et de la Cornouaille et correspond au suffixe -/eɲ/ des parlers du sud-est.

-añ dans les superlatifs des adjectif, correspond également à un *-aff* moyen-breton ; dans les dialectes modernes c'est un -/a/ dans les parlers du nord-ouest et en Cornouaille, et un -/ã/ dans les parlers du sud-est et du Trégor.

Notons que le *-añ* dans les mots *amañ, -mañ* a une origine différente et la prononciation nasale /ã/ est quasi-générale.

-où est un suffixe de pluriel représentant les prononciations suivantes -/u/, -/o/, -/ow/, -/əw/.

-w- représente la semi-voyelle /w/

-v-, représente un /v/ historique qui a évolué en /v/, en /w/ ou en ø ; ex. *avel, nevez* « vent, nouveau ».

-v en final dans des mots comme *anv, marv, div, kreñv, klañv* représente les prononciations /o/, /y/, /w/, /u/. La graphie *-v* fut choisie du fait que certaines communes de la région du Goëlo prononcent un -/v/ dans ces mots, comme *klañv, kreñv*, cette graphie correspond à un *-ff* moyen-breton (*claff, creff*).

-z, -z- correspondent au moyen-breton /ð/ et /z/. Ce qui est en moyen-breton /ð/ a évolué en /z/ dans les parlers du nord-ouest et en ø dans les autres dialectes. Ce qui est en moyen-breton /z/ (>/s/) se maintient avec plus ou moins de régularité dans tous les dialectes.

Une des caractéristiques phonétiques du breton, est de neutraliser en finale absolue les oppositions entre les consonnes sourdes (/t, p, k, s, f/) et les consonnes sonores (/d, b, g, z, v/. En finale absolue la règle quasi générale est de trouver la consonne sourde, en revanche dans les dérivés de ces mêmes mots c'est la consonne sonore qui va apparaître, ex. /map/ « fils », /mabek/ « gendre », /mabeget/ « gendres ».

Ce problème fut réglé de la manière suivante :

-on écrit la sourde pour toutes les formes verbales (nom verbal, adjectif verbal etc.) : *sellet* « voir », *debret* « mangé », *debres, debrit* « tu mangeais, vous mangez ». Exception est faite toutefois pour *debrez* « tu manges » (la différence entre *debrez* et *debres* est purement fictive, dans un cas comme dans l'autre on a forcément la sourde en finale absolue et la sonore devant une voyelle). Exception est faite également pour les formes impersonnelles comme *debred, debrjod, debrfed, debrjed*, « on mangeait, on mangea, on mangerai, on aurait mangé ».

-on écrit la sonore aux substantifs, *boued, buzhug, koad* « nourriture, ver, bois ». Exception est faite pour ceux qui se terminent en /t/, /s/, /k/ après /n/ puisque les dérivées se font sur la sourde, ex. *gwiskamant, gwiskamantoù, demeurañs, demeurañsoù, stank, stankoù* « habillement(s), demeure(s), étang(s) ». Exception est faite également pour les mots dont la

consonne finale suit une consonne sourde, ex. *drask* « grive ». Il existe un certain nombre d'exceptions sans justification, ex. *plancheris, pitouch* « plancher, homme bizarre ».
-on écrit la sourde aux adjectifs, ex. *mat, glas* « bon, bleu ». Certains adjectifs comportent la sonore sans justification, ex. *gleb* « humide ». Ce qui permet de faire la différence, parfaitement artificielle et uniquement graphique, entre le substantif *brezhoneg* « langue bretonne » et l'adjectif *brezhonek* « breton », etc. . Exception est faite pour les adjectifs en -/s/ > -/ð/, *ruz, nevez* « rouge, neuf ».

on écrit la sourde avec les prépositions, ex. *gant,* « avec ».
Le problème le plus important auquel devait s'atteler cette réunion de juin 1941 était de pouvoir représenter par un même graphème l'évolution du phonème historique /θ/ qui a évolué en /z/ dans les parlers nord-ouest et centraux et en /x/ (réalisé le plus souvent [h] ou [χ]) dans les parlers du sud-est. La solution trouvée fut un *zh* ; ainsi KLT *kaz*, vannetais *kah*, peurunvan *kazh*[1] « chat » ; KLT. *c'hoaz*, vannetais *hoah*, *peurunvan c'hoazh*[2] « encore ». Si l'évolution du /θ/ en /z/ et /x/ se fait avec régularité, on a cependant dans les parlers du sud-est un certain nombre de mots où un /x/ correspond à un /z/ dans les parlers du nord-ouest mais qui ne remontent pas à un /θ/. C'est en fait un /ð/ historique qui habituellement disparaît dans les parlers du sud-est et centraux. Là les réformateurs de 1941 ont fait des erreurs, et dans un certains nombre de mots on a bien une correspondance dans les graphies traditionnelles *z / h,* mais sans correspondance aucune avec un /θ/ étymologique. Ainsi le KLT. *koueza* correspond au vannetais *kouehein*, la graphie de 1941 propose donc *kouezhañ*, la forme galloise *cwyddo*, ou *-dd-* représente /ð/, montre bien que le *-zh-* est ici une erreur.

---

1 Le /θ/ historique est mis en évidence par le gallois *cath*, ou le graphème *-th* représente /θ/, le gaulois *cattos* et le latin *cattus*; l'évolution étant /tt/ > /θ/ > /z/, /x/.

2 Le /θ/ historique est mis en évidence par le cornique *whath* et le gallois *chwaith*.

Si les autres difficultés furent résolues facilement, l'adoption du *zh* opposa de façon irrémédiable certains auteurs et utilisateurs. En fait les publications populaires ne pouvaient pas utiliser cette nouvelle graphie qui aurait dérouté les lecteurs habitués aux orthographes utilisées dans les catéchismes et avec lesquelles ils avaient appris à lire le breton. Ainsi *Dihunamb,* écrit en dialecte vannetais continua jusqu'au dernier numéro, en août 1944, avec sa graphie habituelle, alors que le directeur de cette publication Loeiz Herrieu, participait à la réunion de 1941. La nouvelle graphie fut adopté par les publications émanant du mouvement breton et s'adressant donc à des bretonnants cultivés.

Phonologie.

Il n'y a pas de prononciation officielle standard du breton. Il n'est donc pas possible de proposer ici, comme on le fait en anglais ou en allemand une prononciation reçue, comprise, acceptée par tout le monde[1]. Il est intéressant de constater que les dialectes anglais et allemands sont très vivants mais qu'en matière d'enseignement l'allemand diffuse le *Hochdeutsch* et l'anglais le *Received Pronunciation.* Cette diffusion n'est pas du tout le résultat d'une une quelconque hégémonie d'un dialecte sur l'autre qui n'existe pas puisque les parlers locaux précisément sont vivants. cela se fait parce que c'est plus pratique et que cela permet aux locuteurs de dialectes non-intercompréhensibles de communiquer entre eux.

En Bretagne la situation est tout autre, un grand nombre de néo-locuteurs et d'enseignants cultivent avec plaisir les localismes phonologiques, lexicaux, morphologiques, en un mot tentent d'utiliser le parler local alors que celui-ci disparaîtra dans les prochaines années. On est légitimement en droit de se demander à quoi sert de s'efforcer de reproduire certaines habitudes langagières de parlers dont le nombre de locuteurs s'élève à quelques dizaines et parfois moins comme dans l'est du Morbihan. Certaines habitudes seulement en effet, le néo-locuteur n'arrive jamais à reproduire exactement le parler de locuteurs natifs, et c'est une supercherie de le faire croire. On en arrive

---

[1] Comme en anglais le *receveid pronunciation* et le *Hochdeutsch* en allemand.

parfois à des situations curieuses comme celle de ces néo-locuteurs parlant des parlers très proches, l'un tutoie l'autre, parce que dans son parler de référence cela se fait, l'autre le vouvoie parce que le tutoiement n'existe pas dans son parler de référence. Si l'utilisation du parler local est logique chez un locuteur traditionnel, elle se justifie difficilement chez un néo-bretonnant qui a une approche intellectuelle de la langue.
La revendication du particularisme breton au sein de l'État français et face à l'hégémonie de la langue française se reproduit ici, logiquement, en une revendication du particularisme dialectal de la région voire de la commune et un refus de l'acceptation d'une koïné en matière de prononciation[1]. Si l'on veut s'intégrer aux habitudes de la population locale il est plus logique de prendre la langue vernaculaire qui a cours, c'est-à-dire le français. « S'enraciner » entend-on dire souvent : on a là une réaction passionnelle typique de certains militants du mouvement breton : la volonté de continuer les pratiques dialectales d'une société disparue. Ce fait n'est pas toujours motivant pour les éventuels futurs néo-bretonnants : si l'on arrive assez rapidement à communiquer avec des locuteurs utilisant la même prononciation que celle avec laquelle on apprend, cela devient très difficile lorsque chacun de ses interlocuteurs utilise un parler local.

---

[1]Les partisans de l'enseignement du breton en prononciation dialectale, citent souvent pour affirmer leur position le cas de l'Irlande. Dans l'esprit de beaucoup de militants, ce pays fait figure de « pays celtique modèle » du fait de son indépendance et de la politique du gouvernement en faveur du gaélique, d'où une grande attirance des Bretons pour l'Irlande. De nombreuses communes bretonnes sont jumelées avec des communes irlandaises. Dans les régions où l'on parle le gaélique on enseigne dans la prononciation régionale, mais dans ces régions le gaélique est la langue maternelle des enfants. En revanche sur le plan de l'orthographe, de la morphologie et de la syntaxe tout les livres scolaires sont édités dans le standard officiel : *An Caighdéan Oifigiúil.* On enseigne dans une prononciation standardisée dans les zones où le gaélique n'est pas la langue vernaculaire,

Les problèmes liés à la phonologie du breton sont en somme assez simples ; les différences les plus fréquentes entre les parlers sont : la présence éventuelle d'un /e/ différent d'un /ɛ/[1] et existe-t-il un /ľ/, ou est-il devenu un /j/[2]?
Les lecteurs désirant approfondir les problèmes phonologiques et phonétiques du breton sous un angle un peu plus technique trouveront en annexe les systèmes phonologiques de plusieurs parlers bretons traditionnels ainsi que des remarques sur la phonétique.

Les mutations initiales[3].
Les langues celtiques ont un point commun qui déconcerte immédiatement ceux qui en commencent l'étude : l'initiale des mots est susceptible d'être modifiée en fonction du mot précédent. La cause des mutations était d'abord phonétique, c'était un phénomène de liaison. Ensuite, les causes provoquant ce phénomène disparurent mais les effets restèrent et s'étendirent par analogie. Les mutations initiales comprennent : les mutations consonantiques : la spirantisation, la provection, la lénition, la léniprovection ; la mutation prévocalique : la provection (voir les explications ce ces termes infra).
Nota : les mutations seront ici abordées de la façon la plus simple, c'est-à-dire par le biais de l'orthographe, en effet un certain nombre de phonèmes mutent dans la langue parlée et ne sont pas indiquées dans la langue écrite. Ces mutations seront indiquées, pour information, en notes. Les mutations initiales ne s'écrivirent (sauf exceptions) qu'à partir du XVIIè siècle.

---

1 Tous les parlers n'opposent pas /ler/ « cuir » à /lɛr/ « voleur ».

2 Par exemple dans le mot *dilhad* « vêtements », on a soit /diľat/: soit /dijat/.

3 Par souci de ne pas perturber le lecteur, je ne reprends pas ici les cas particuliers ou isolés, ni la répartition des faits dans les parlers qui est très fluctuante.

Mutations consonantiques.
La spirantisation.

Les occlusives sourdes se changent en spirantes sonores : c'est-à-dire :

initiales	*p*	*t*	*k*
formes mutées	*f*	*z*	*c'h*

Syntaxe de la spirantisation.

La spirantisation se produit après les mots suivants :

-les pronoms possessifs sg. 1 *ma, va* :

- /p/ : *ma fenn, ma faotr, ma farrez, ma fodoù, ma fokiñ* « ma tête, mon garçon, ma paroisse, mes pots, m'embrasser ».

-/t/ : *ma zud, ma zintin, ma zanvañjer* « mes parents, ma tante, mon tablier ».

-/k/ : *ma c'hi, ma c'hambr, ma c'hoefoù* « mon chien, ma chambre, mes coiffes ».

-le pronom possessif sg. 3f. *he*.

-/p/ : *he foan, he fuñs, he fousined, he fediñ* « sa douleur, son puits, ses poussins, la prier ».

-/t/ : *he zi, he zad, he zammoù, he zerriñ* « sa maison, son père, ses morceaux, la briser ».

-/k/ : *he c'hazh, he c'horf, he c'holeed, he c'hondaoniñ* « son chat, son corps, ses taureaux, la condamner ».

-le pronom possessif pl. 3 *o* :

-/p/ : *o four, o fluñvenn, o fouez, o fardoniñ* « leurs poireaux, leur plume, leur poids, leur pardonner ».

-/t/ : *o zad-kozh, o zro, o zezhoù, o zromplañ* « leur grand-père, leur tour, leurs pis, les tromper ».

-/k/ : *o c'hi, o c'hadorioù, o c'hornioù, o c'hrazañ* « leur chien, leurs chaises, leurs cornes, les griller ».

-le pronom possessif sg. 1 *'m* (dans *em, am*) :

-/p/ : *em fenn, em feultrin, da'm (d'am) fardoniñ* « dans ma tête, dans ma poitrine, de me pardonner ».

-/t/ : *em zi, em zoull, da'm (d'am) zrec'hiñ* « dans ma maison, dans mon trou, de me vaincre ».

-/k/ : *em c'halon, em c'hambr, da'm (d'am) c'harout* « dans mon cœur, dans ma chambre, de m'aimer ».

-les numéraux *tri, teir, pevar, peder, nav* « trois (m. et f.), quatre (m. et f.) neuf ».

-/p/ : *tri femoc'h, teir flac'h, pevar faotr, peder flac'h, nav faz* « trois porcs, trois filles, quatre garçons, quatre filles, neuf pas ».

-/t/ : *tri zra, teir zachenn, pevar zamm, peder zavañjer, nav zro* « trois choses, trois fermes, quatre morceaux, quatre tabliers, neuf tours ».

-/k/ : *tri c'hi, teir c'hazhez, pevar c'hant, peder c'halon, nav c'hambr* « trois chiens, trois chattes, quatre cents, quatre cœurs, neuf chambres ».

-après le pronom possessif pl. 1 *hon:, hor*[1] *:*

-/p/ : *hor fenn, hor fec'hedoù, hor fardoniñ* « notre tête, nos péchés, nous pardonner ».

-/t/ : *hon zad, hon zi, hon zud-kozh hon zrompañ* « notre père, notre maison, nos grands-parents, nous tromper ».

-/k/ : *hor c'hi, hor c'hizhier, hor c'hambr, hor c'hontañpliñ* « notre chien, nos chats, notre chambre, nous contempler ».

-après l'article défini *ar* (uniquement pour /k/) lorsque le substantif est:

-un masculin singulier :

-un collectif

-un pluriel (sauf dans le cas où le substantif désigne des personnes du sexe masculin ou des personnes des deux sexes) :

-ar c'hi, ar c'harr, ar c'hloc'h « le chien, la voiture, la cloche ».

-ar c'holo, ar c'hontron « la paille, les vers ».

-ar c'hirri, ar c'hanaouennoù, ar c'hizhier « les voitures, les chansons, les chats ».

---

[1] On ne trouve la spirantisation de /p/ et /t/ que dans les Côtes d'Armor.

-après l'article indéfini *ur* (uniquement pour /k/), lorsque le substantif est un masculin singulier :

-*ur c'hi, ur c'hont* « un chien, un comte ».

La provection.

Les occlusives sonores deviennent sourdes : c'est-à-dire :

initiales	*b*	*d*	*g*
formes mutées	*p*	*t*	*k*

Syntaxe de la provection.

La provection se produit après les mots suivants :

-les pronoms possessifs sg. 2 *az* et pl. 2 *ho* :

-/b/ : *ez pro, ez pragoù, ho parv, ho pountañ* « dans ton pays, dans ton pantalon, votre barbe, vous pousser ».

-/d/ : *ez torn, ho tilhad, ho tegas* « dans ta main, vos vêtement, vous emmener ».

-/g/ : *ez kwad, ho kwelet* « dans ton sang, vous voir ».

La lénition[1].

Les occlusives sourdes deviennent sonores ; les occlusives sonores deviennent spirantes, l'occlusive sonore /g/ disparaît lorsqu'elle est suivi de /w/, la nasale sonore /m/ devient une fricative sonore : /v/ :

initiales	*p*	*t*	*k*	*b*	*d*	*g*	*gw*	*m*
formes mutées	*b*	*d*	*g*	*v*	*z*	*c'h*	*w*	*v*

Syntaxe de la lénition.

La lénition se produit après les mots suivants :

-l'article défini *an, ar* dans les cas où le mot suivant est :

-un substantif féminin singulier.

-un substantif pluriel désignant des personnes du sexe masculin ou des deux sexes, le phonème /d/ n'est pas affectée :

---

[1] Les phonèmes suivants mutent dans la langue parlée suivant les régions, et ne sont transcrit dans la langue écrite: /s, š, f, x, l, r, n/; on note toutefois l'exception pour /s, š, f/ dont la lénition est écrite en Graphie Universitaire : *z - z*, *ch - j*, *f -'f*.

/p/ : *ar blijadur, ar brunenn, ar besketerion, ar bennoù* « le plaisir, la prune, les pêcheurs, les chefs ».

/t/ : *an dalm, an daol, an dud, an dermajied* « la fronde, la table, les gens, les saltimbanques ».

/k/ : *ar giez, ar goumoulenn, ar gatoliked, ar goñversanted* « la chienne, le nuage, les catholiques, les commerçants ».

/b/ : *ar vag, ar vreinded, ar Vrestiz, ar vugale* « le bateau, la pourriture, les Brestois, les enfants ».

/g/ : *ar c'had, ar c'holc'hed, ar C'hallaoued, ar c'halouperion* « le lièvre, la couette, les Gallos, les galopeurs ».

/gw/ : *ar wezenn, ar wialenn, ar wazed* « l'arbre, la baguette, les hommes ».

/m/ : *ar vicher, ar vatezh, ar vibion, ar Valoiz* « le métier, la bonne, les fils, les Malouins ».

-après l'article indéfini *un, ur* dans le cas des substantifs féminins singuliers, le phonème /d/ n'est pas affecté :

/p/ : *ur brezegenn, ur big* « un sermon, une pie ».

/t/ : *un dartouzenn, un dolpadenn* « une mite, une réunion ».

/k/ : *ur graoñenn, ur gorzailhenn* « une noix, un gosier ».

/b/ : *ur vrec'h, ur vuzhugenn* « un bras, un ver ».

/g/ : *ur c'harmadenn, ur c'haouiadez* « un cri, une menteuse ».

/gw/ : *ur wezh, ur wespedenn* « une fois, une abeille ».

/m/ : *ur vent, un velc'houedenn* « une taille, un escargot ».

-après la préposition *a* « de » :

/p/ : *meur a barrez* « plusieurs paroisses ».

/t/ : *meur a di* « plusieurs maisons ».

/k/ : *a Gonk-Kernev* « de Concarneau ».

/b/ : *kalz a vigi* « beaucoup de bateaux ».

/d/ : *a Zamgan* « de Damgan ».

/g/ : *kalz a c'hounid* « beaucoup de profits ».

/gw/ : *a Wengamp* « de Guingamp ».

/m/ : *a Votrev* « de Motreff ».

-après la préposition *da* « à » :

/p/ : *da Baris* « à Paris ».
/t/ : *da Deiz* « à Theix ».
/k/ : *da Gonk-Kernev* « à Concarneau ».
/b/ : *da Vrest* « à Brest ».
/d/ : *da Zamgan* « à Damgan ».
/g/ : *da C'haelan* « à Gaelan ».
/gw/ : *da Werleskin* « à Guerlesquin ».
/m/ : *da Vontroulez* « à Morlaix ».

-après la préposition *war*[1] « sur ».

/p/ : *war baouraat ez a* « il s'appauvrit ».
/t/ : *war dorriñ ez a* « il se casse ».
/k/ : *war gilañ ez an* « je recule ».
/b/ : *war vigi e dad* « sur les bateaux de son père ».
/d/ : *war zouareier* « sur des terres ».
/g/ : *war c'holoiñ ez a* « cela se couvre ».
/gw/ : *war wele e vreur* « sur le lit de son frère ».
/m/ : *war vouchouer e verc'h* « sur le mouchoir de sa fille ».

-après la préposition *dindan* « sous ».

/p/ : *dindan bouez* « sous le poids ».
/t/ : *dindan di an den* « sous la maison de l'homme ».
/k/ : *dindan guzh* « en cachette ».
/b/ : *dindan vrec'h e wreg* « sous le bras de sa femme ».
/d/ : *dindan zouar ar park* « sous la terre du champ ».
/g/ : *dindan c'harzh ar prad* « sous la clôture de la prairie ».
/gw/ : *dindan wetur e dud* « sous la voiture de ses parents ».
/m/ : *dindan voger an ti* « sous le mur de la maison ».

-après les numéraux *daou, div* « deux » :

/p/ : *daou baotr, daou bik, div blac'h* « deux garçons, deux points, deux filles ».

---

[1] De même pour *diwar* qui en est un dérivé.

/t/ : *daou di, daou damm, div dintin* « deux maisons, deux morceaux, deux tantes ».

/k/ : *daou gi, daou gazh, div gudenn* « deux chiens, deux chats, deux problèmes ».

/b/ : *daou venez, div vengleuz, div varv* « deux montagnes, deux mines, deux barbes ».

/d/ : *daou zen, daou zant, ziv zarn*, « deux hommes, deux dents, deux parties ».

/g/ : *daou c'houlc'her, daou c'houlenn, div c'houlaouenn* « deux couvercles, deux questions, deux chandelles ».

/gw/ : *daou wele, div wreg, div wezh* « deux lits, deux femmes, deux fois ».

/m/ : *daou vab, div verc'h, div voger* « deux fils, deux filles, deux murs ».

-après le pronom interrogatif *pe* « quel » :

/p/ : *pe borzh* « quel port ».
/t/ : *pe di* « quelle maison ».
/k/ : *pe gazhez* « quelle chatte ».
/b/ : *pe vro* « quel pays ».
/d/ : *pe zismegañs* « quel mépris ».
/g/ : *pe c'hour* « quel homme ».
/gw/ : *pe wreg* « quelle femme ».
/m/ : *pe venez* « quelle montagne ».

-après le verbe *eme* « dit » :

/p/ : *eme Baol* « dit Paul ».
/t/ : *eme Dintin Vari* « dit Tante Marie ».
/k/ : *eme Gaourintin* « dit Corentin ».
/b/ : *eme Vernez* « dit Bernard ».
/d/ : *eme Zoue* « dit Dieu ».
/g/ : *eme C'hurvan* « dit Gurvan ».
/gw/ : *eme Weltaz* « dit Gweltaz ».
/m/ : *eme Vari* « dit Marie ».

-le pronom possessif sg. 2 *da* :

/p/ : *da boan, da barrez, da bardoniñ* « ta douleur, ta paroisse, te pardonner ».

/t/ : *da di, da dintin, da doullañ* « ta maison, ta tante, te tromper ».

/k/ : *da gi, da galon, da grediñ* « ton chien, ton cœur, te croire ».

/b/ : *da varv, da voaziou̇, da voazañ* « ta barbe, tes habitudes, t'habituer ».

/d/ : *da zent, da zamant, da zifenn* « tes dents, ta sollicitude, te défendre ».

/g/ : *da c'har, da c'henou, da c'houliañ* « ta jambe, ta bouche, te blesser ».

/gw/ : *da wad, da waz, da welet* « ton sang, ton oie, te voir ».

/m/ : *da voneiz, da velezour, da veuliñ* « ta monnaie, ton miroir, te louer ».

-le pronom possessif sg. 3 m. *e* :

/p/ : *e bec'hedou̇, e besked, e brepariñ* « ses péchés, son poisson, le préparer ».

/t/ : *e doull, e dad, e derriñ* « son trou, son père, le casser ».

/k/ : *e gizhier, e goad, e glask* « ses chats, son bois, le chercher ».

/b/ : *e varv, e verc'h, e valañ* « sa mort, sa fille, le presser ».

/d/ : *e zaoulin, e zaouzek, e zibunañ* « ses genoux, ses douze, le dévider ».

/g/ : *e c'harm, e c'hivri, e c'houzout* « son cri, ses chèvres, le savoir ».

/gw/ : *e wezenn, e win, e wallañ* « son arbre, son vin, le violer ».

/m/ : *e varc'had, e vamm, e vac'hagnañ* « son marché, sa mère, l'oppresser ».

-la particule verbale *a* :

/p/ : *ni a bouez, me a bede, ar fuzuilh a burit* « nous insistons, je priais, le fusil que vous astiquez ».

/t/ : *an ti a dorrfe, te a dapo, ar maen a daole* « il casserait la maison, tu attraperas, il lançait la pierre ».

/k/ : *me a gilo, an dud a gouezhe, Alan a gerzho* « je reculerai, les gens tombaient, Alain marchera ».

/b/ : *te a vutun, ar bleud a vurutellez, ni a vlenio* « tu fumes, la farine que tu tamises, nous conduirons ».

/d/ : *bara a zebran, int a zurc'ho, an dilhad a zrailhomp* « je mange du pain, ils reviendront, les vêtements que nous déchirons ».

/g/ : *div eur a c'hortozan, da dad a c'halvez, te a c'harm* « j'attends deux heures, tu appelles ton père, tu cries ».

/gw/ : *Alan a welomp, dilhad a walc'han, ul liñsel a weez* « nous voyons Alain, je lave des vêtements, tu enroules un drap ».

/m/ : *me a varv, an nor a vorailan, gerioù a verkez* « moi, je meurs, je verrouille la porte, tu marques des mots ».

-les particules négatives *na* et *ne* :

/p/ : *ne baouez ket, na bedit ket* « il n'arrête pas, ne priez pas ».

/t/ : *un wezenn na dorr ket, ne dapfomp ket* « un arbre qui ne casse pas, nous n'attraperons pas ».

/k/ : *ur barn na gondaon ket, ne gouezho ket* « un juge qui ne condamne pas, il ne tombera pas ».

/b/ : *perak ne vutunez ket?, na vleniit ket* « pourquoi ne fumes-tu pas? ne conduisez pas ».

/d/ : *ne zanto ket, na zrailh ket da zilhad* « il ne mordra pas, ne déchire pas tes vêtements ».

/g/ : *ne c'houlenne netra, na c'harm ket* « il ne demandait rien, ne crie pas ».

/gw/ : *ne welez ket? na wriit ket* « tu ne vois pas? ne cousez pas ».

/m/ : *na vir ket, ne varfet ket* « n'empêche pas, vous ne mourez pas ».

-après la particule réfléchie *en em* :

/p/ : *en em bilat* « se frapper ».

/t/ : *en dagañ* « s'étouffer ».

/k/ : *en em gontroliñ* « se contrôler ».

/b/ : *en em vodañ* « se rassembler ».

/d/ : *en em zebriñ*« se manger ».

/g/ : *en em c'houliañ* « se blesser ».

/gw/ : *en em welet* « se voir ».

/m/ : *en em voustrañ* « se comprimer ».

-après les particules optatives *ra* et *da* :

/p/ : *ra boanio, Doue da bardono* « qu'il s'efforce, que Dieu pardonne ».

/t/ : *ra dapo ar gontell, Alan da dorro ar wezenn* « qu'il attrape le couteau, qu'Alain casse l'arbre ».

/k/ : *ra gilo ar marc'h, da gilo ar re-se* « que le cheval recule, que ceux-là reculent ».

/b/ : *ra vo amañ, al levr-se da vezañ lennet* « qu'il soit là, que ce livre-ci soit lu ».

/d/ : *ra zougo e valizenn, da zebrin bara,* « qu'il porte sa valise, que je mange du pain ».

/g/ : *ra c'houlenno ouzh e dad, ar c'hi da c'haloupat* « qu'il demande à son père, que le chien coure ».

/gw/ : *ra welo e dud, Alan da welo e vab* « qu'il voie ses parents, qu'Alain voie son fils ».

/m/ : *ra varvfont diouzhtu, Doue da veuliñ* « qu'ils meurent immédiatement, que Dieu soit loué ».

-après la particule *en ur* :

/p/ : *en ur bourmen* « tout en se promenant ».

/t/ : *en ur dapout* « en attrapant ».

/k/ : *en ur gerzhet* « en marchant ».

/b/ : *en ur vodañ* « tout en rassemblant ».

/d/ : *en ur zebriñ* « tout en mangeant ».

/g/ : *en ur c'houlenn* « tout en demandant ».

/gw/ : *en ur welet* « tout en voyant ».

/m/ : *en ur vervel* « tout en mourant ».

-après la conjonction *pa*:

/p/ : *pa brouo* « lorsqu'il prouvera ».

/p/ : *pa dorro* « lorsqu'il cassera ».

/k/ : *pa gile* « lorsqu'il reculait ».

/b/ : *pa vrode* « lorsqu'il brodait ».

/d/ : *pa zougfet* « lorsque vous porterez ».

/g/ : *pa c'houlennemp* « lorsque nous demandions ».

/gw/ : *pa wrifont* « lorsqu'ils coudront ».

/m/ : *pa varvo* : « lorsqu'il mourra ».

-après le pronom *re* :

/p/ : *ar re binvidik* « les riches ».

/t/ : *ar re domm* « les chauds ».

/k/ : *ar re glouar* « les tièdes ».

/b/ : *ar re vras* « les grands ».

/d/ : *ar re zroug* « les méchants ».

/g/ : *ar re c'hlas* « les verts ».

/gw/ : *ar re wenn* « les blancs ».

/m/ : *ar re velen* « les jaunes ».

-après la conjonction *pe* :

/p/ : *pinvidig pe baour* « riche ou pauvre ».

/t/ : *yen pe domm* « froid ou chaud ».

/k/ : *tomm pe glouar* « chaud ou tiède ».

/b/ : *bihan pe vras* « petit ou grand ».

/d/ : *aes pe ziaes* « facile ou difficile ».

/g/ : *du pe c'hlas* « noir ou vert ».

/gw/ : *dour pe win* « de l'eau ou du vin ».

/m/ : *ruz pe velen* « rouge ou jaune ».

-après les adverbes *re*, *seul* « trop, d'autant plus (chaque) » :

/p/ : *re brop, re baour*, « trop propre, trop pauvre ».

/t/ : *re domm, re dev, seul daol* « trop chaud, trop épais, chaque fois ».

/k/ : *re gasaus, re glok* « trop détestable, trop complet ».

/b/ : *re vras, re verr* « trop grand, trop court ».

/d/ : *re zroug, re ziegus* « trop méchant, trop paresseux ».

/g/ : *re c'hlas, re c'hleb* « trop vert, trop humide ».

/gw/ : *re wir, re wiv, seul wezh* « trop vrai, trop vif, chaque fois ».

/m/ : *re velen, re vunut, seul vui* « trop jaune, trop menu, tant plus que ».

-après les substantifs féminins singuliers, et les substantifs pluriels désignant des gens des deux sexes :

/p/ : *un intanvez binvidik, bugale baour* « une riche veuve, de pauvres enfants ».

/t/ : *amzer domm, tud dev* « temps chaud, des gens épais ».

/k/ : *amzer gaer, bugale galet* « beau temps, des enfants difficiles ».

/b/ : *bugale vrav, breudeur vuan* « de beaux enfants, des frères rapides ».

/d/ : *dor zigor, ur vandenn ziaouled* « porte ouverte, une bande de diables ».

/g/ : *Bro-C'hall, labourerion c'harv* « la France, de rudes travailleurs ».

/gw/ : *ur vaouez wir, Gallaoued wirion* « une vraie femme, de vrais Français ».

/m/ : *un dra vat, serviterion vat* « une bonne chose, de bons serviteurs ».

-après le pronom *hini* lorsque celui-ci se rapporte à un substantif féminin :

/p/ : *an hini burañ* « la plus pure ».

/t/ : *an hini dev* « la grosse ».

/k/ : *an hini galetañ* « la plus dure ».

/b/ : *an hini vras* « la petite ».

/d/ : *an hini zroug* « la méchante ».

/g/ : *an hini c'hlas* « la verte ».

/gw/ : *an hini wir* « la vraie ».

/m/ : *an hini velen* « la jaune ».

La léniprovection.

Les occlusives /b, g/ sont spirantisées (/g/ est également susceptible de disparaître), l'occlusive sonore /d/ est assourdie, la nasale /m/ est spirantisée :

initiales	*b*	*d*	*g*	*gw*	*m*
formes mutées	*v*	*t*	*c'h, ø*	*w*	*v*

Syntaxe de la léniprovection.

La léniprovection se produit après les mots suivants :

-les particules verbales *e, o* :

/b/ : *e valean, o veilhañ* « je me promène, en veillant ».

/d/ : *e teskez, o tebriñ* « tu apprends, en mangeant ».

/g/ : *e c'houlennas, o c'harmiñ* « il demanda, en criant ».

/gw/ : *e wele, o ouelañ* « il voyait, en pleurant ».

/m/ : *e verfomp, o vont* « nous mourrons, en allant ».

-après *ma* (conjonction, adverbe) « que, si, où ».

/b/ : *ma vruzhunont, ma vefen, ma valefont* « qu'ils mettent en miettes, si j'étais, où ils se promèneront ».

/d/ : *ma tebrez, ma tiskennfe, ma teskez brezhoneg* « que tu manges, s'il descendait, où tu apprends le breton ».

/g/ : *ma c'houlenne, ma c'haloupfe, ma c'harme* « qu'il demandait, s'il courrait, où il criait ».

/gw/ : *ma wrie, ma ouelfe, ma welfomp* « qu'elle cousait, s'il pleurait, où nous verrons ».

/m/ : *ma virez, ma vefent, ma vezvent* « que tu gardes, s'ils étaient, où ils s'enivraient ».

La mutation prévocalique.

Par mutation prévocalique on entend l'antéposition d'un /x/ aux mots commençant par une voyelle ; elle se produit dans les cas suivants :

-après les possessifs sg. 3f. et pl. 2 *he*, *ho* :

hec'h amzer, hoc'h[1] *amzer, hec'h afer, hoc'h amzer* « son temps, votre temps, son besoin, votre besoin ».

-dans certains parlers (comme à Groix) elle se produit après tous les possessifs :

ma hamzer, o hamzer[2] « mon temps, leur temps ».

Le substantif.

Le substantif possède les catégories morphologiques suivantes :
-deux genres : masculin, féminin.
-sept nombres : singulier, pluriel, pariel, collectif, singulatif, semicollectif, surpluriel.
-détermination : article défini, article indéfini, démonstratif.
-possession.

Le genre.

Le genre des substantifs bretons se repère selon les critères suivantes :
-la distribution des numéraux masculins *daou, tri, pevar* et féminins, *div, teir, peder* « deux, trois, quatre ».
-la mutation consonantique éventuelle.
-la mutation consonantique éventuelle d'un adjectif suivant le substantif[3].

---

1 Les règles de l'orthographe *peurunvan* préconisent d'écrire ainsi ces mots, *he* et *ho* devant une voyelle. Mais, on vient de le voir, c'est la voyelle du mot suivant qui est affectée, c'est donc une fausse-coupe et il serait donc plus logique que l'on écrivît *he *hamzer, ho *hamzer*.

2 Les manuels et dictionnaires en *peurunvan* ne prévoient pas que d'autres possessifs que *he* et *ho*, puissent provoquer une mutation prévocalique, on a donc la liberté de transcrire le phénomène sans fausse-coupe.

3 Deux substantifs échappent à ces deux règles: *tra* « chose » et *labour* « travail ». Ils se comportent comme des substantifs masculins en ce qui concerne la distribution des numéraux et comme des substantifs féminins en ce qui concerne la mutation des adjectifs, ainsi *daou dra vat, tri labour vat* « deux bonnes choses, trois bons travaux ».

ex. m. *daou di, tri faotr, pevar istor, ur soñj brav* « deux maisons, trois garçons, quatre histoires, une belle pensée ».

f. *div blac'h, teir c'hont, peder buoc'h, un avel vras* » deux filles, trois comptes, quatre vaches, un grand vent ».

-certains suffixes dérivatifs impliquent automatiquement un genre :

-adur : *yezh* (f.) « langue », *yezhadur* (m.) « grammaire ».

-der : tomm (adj.) « chaud », *tommder* (m.) « chaleur ».

-adenn : *youc'hal* « crier », *youc'hadenn* (f.) « cri ».

-entez : *paour* (m.) « pauvre », *paourentez* (f.) « pauvreté ».

Le nombre.

Le singulier.

Le singulier représente des unités simples considérées en tant que telles :

ti « maison ».
bag « bateau ».
bro « pays ».
roched « chemise ».

Le pluriel.

Le pluriel se forme sur le singulier par :
-suffixation.
-modification interne.
-modification interne et suffixation.
-extension du substantif et suffixation.
-extension du substantif, modification interne et suffixation.
-supplétion.

Le pluriel par suffixation.

Voici la liste des suffixes du pluriel en breton, leur utilisation peut varier sensiblement selon les dialectes :

-ed *paotr* « garçon », *paotred* « garçons ».
dornerez « batteuse », *dornerezed* « batteuses ».
loen « animal », *loened* « animaux ».
-ez *ti* « maison », *tiez* « maisons ».
-ezed *c'hoar* « sœur », *c'hoarezed* « sœurs ».

-*i* *bleiz* « loup », *bleizi* « loups ».
gwiz « truie », *gwizi* « truies ».
gwaz « oie », *gwazi* « oies ».

-*iz* *Brest* « Brest », *Brestiz* « Brestois » (habitants de Brest).
Gwened « Vannes », *Gwenediz* « Vannetais » (habitants de Vannes).
kêr « ville », *kêriz* « citadins ».

-*où* *penn* « tête », *pennoù* « têtes ».
korf « corps », *korfoù* « corps ».
gwele « lit », *gweleoù* « lits ».

-*ioù* *levr* « livre », *levrioù* 'livres ».
anv « nom », *anvioù* « noms ».
bro « pays », *broioù* « pays ».

-*on*[1] *laer* « voleur », *laeron*, « voleurs ».
kere « cordonnier », *kereon* « cordonniers ».
Saoz « Anglais », *Saozon* « Anglais ».

-*ion* *kristen* « chrétien », *kristenion* « chrétiens ».
labourer « cultivateur », *labourerion* « cultivateurs ».
yuzev « juifs », *yuzevion* « juifs ».

Le pluriel par modification interne.

sant « saint », *sent* « saints ».
maen « pierre », *mein* « pierres ».
mestr « maître », *mistr* « maîtres ».
kaezh « pauvre », *keizh* « pauvres ».
danvad « mouton », *deñved* « moutons ».
yar « poule », *yer* « poules ».
louarn « renard », *lern* « renards ».

Le pluriel par suffixation et modification interne.

-*der* *breur* « frère », *breudeur* « frères ».
-*er* *krog* « crochet », *kreger* « crochets ».
-*ez* *gwreg* « femme », *gwragez* « femmes ».
-*i* *karr* « charrette », *kirri* « charrettes ».

[1] Ce suffixe est fréquemment écrit -*en* lorsqu'il ne porte pas l'accent tonique.

enez « île », *inizi* « îles ».
houad « canard » , *houidi* « canards ».

-ier *kraou* « étable », *krevier* « étables ».
gaou « mensonge », *gevier* « mensonges ».
kazh « chat », *kizhier* « chattes ».

-e *bugel* « enfants », *bugale* « enfants ».

-on *ki* « chiens », *kon*[1] « chiens ».

-ion *beleg* « prêtre », *beleion* « prêtres ».

-où *botez* « chaussure », *botoù* « (une paire de) chaussures ».

-ier *botez* « chaussure » , *boteier* « (un grand nombre de) chaussures ».

Le pluriel par extension du substantif et suffixation.

-nez *aotrou* « monsieur », *aotrounez* « messieurs ».

Le pluriel par extension du substantif, modification interne et suffixation.

-ez *roue* « roi », *rouanez* « rois ».

Le pluriel par supplétion.

ki « chiens », *chas* « chiens ».
marc'h, jao « cheval », *kezeg, roñsed* « chevaux ».
den « homme », *tud* « gens ».
buoc'h « vache », *saout* « vaches ».

Le pariel.

Dans cette catégorie rentrent les parties du corps allant par deux:

lagad « œil », *daoulagad* « une paire d'yeux ».
skouarn « oreille », *divskouarn* « une paire d'oreilles ».
brec'h « bras », *divvrec'h* « une paire de bras ».
troad « pied », *treid* « une paire de pieds ».

Ce pluriel peut lui-même fait l'objet d'un pluriel :

daoulagadoù « des paires d'yeux ».

[1] Archaïque, voir infra.

divskouarnoù « des paires d'oreilles ».

Le collectif.
Le collectif représente l'ensemble des unités représentées par le substantif :

krampouezh « crêpes ».
gwez « arbres ».
frouezh « fruits ».
per « poires ».

Le singulatif.
Le singulatif est l'unité que l'on peut déduire d'un collectif, il se forme le plus souvent à l'aide du suffixe *-enn* :

krampouezhenn « crêpe ».
gwezenn « arbre ».
frouezhenn « fruit ».
perenn « poire ».

Ces singulatifs peuvent à leur tour prendre la marque du pluriel lorsqu'ils représentent un certain nombre d'unités singulatives :

krampouezhennoù « quelques crêpes ».
gwezennoù « quelques arbres ».
frouezhennoù,« quelques fruits ».
perennoù « quelques poires ».

Notons que dans certains dialectes il existe aussi le préfixe *penn-* (« tête ») pour créer le singulatif à l'aide du collectif. Prenons l'exemple du nom du « mouton » :

sg. *dañvad*, pl. *deñved* ; ou encore
sing. *penn-dañvad / dañvadenn*, coll. *deñved.*

Le semicollectif.
Le semicollectif représente une quantité imprécise d'unités par rapport au singulatif et au collectif :

gwezenn « arbre », *gwezennier* « un grand nombre d'arbres ».
gwerenn « verre », *gwerennier* « un grand nombre de verres ».

La détermination.

L'article défini.

L'article défini est singulier et pluriel, on le trouve sous trois formes, *an, ar, al.* La répartition de ces trois formes se fait en fonction[1] de l'initiale du substantif suivant l'article, c'est-à-dire :

an + voyelle, diphtongue, *t-*, *d-*, *n.*
ar + consonne sauf *t-*, *d-*, *n-*, *l-*.
al + *l-*.

an ti « la maison »
an dorn « la main »
an nor « la porte »
an dud « les gens »
ar c'hezeg « les chevaux »
an abeg « la cause »
an ene « l'âme »
an istr « les huîtres »
an orjal « le fil »

ar penn « la tête »
ar bigi « les bateaux »
ar giez « la chienne »
ar mor « la mer »
ar rev « le gel »
ar fri « le nez »
ar vein « les pierres »
ar sac'h « le sac »
ar chas « les chiens »
ar jav « le cheval »
ar wezh « la fois »
ar eontred « les oncles »

al lenn « le lac »
al leue « le veau »

---

[1] On appelle cette répartition des formes de l'article « l'accommodation de l'article ». Dans certains parlers la forme *al* n'existe pas et c'est *ar* qui est utilisé devant *l-*.

L'article indéfini.
L'article indéfini, *un, ur, ul*, est singulier et se répartit de la même façon que l'article défini :

un + voyelle, diphtongue, *t-, d-, n-*.
ur + consonne sauf *t-, d-, n-, l-*.
ul + *l-*.

Les suffixes démonstratifs.
Il existe trois degrés de distanciation par rapport au sujet parlant, la structure est la suivante :
article défini + substantif + *-mañ* (pour ce qui est plus près)
" " " *-se* (pour ce qui est plus loin)
" " " *-hont* (pour ce qui est éloigné)

an den-mañ « cet homme-ci ».
an den-se « cet homme-là ».
an den-hont « cet homme là-bas ».

La possession.
Les rapports entre possédé et possesseur s'expriment par le substantif précédé d'un préfixe possessif. Les préfixes sont les suivants :

sg.	1	*va, ma, 'm'*[1]
	2	*da, d'*
	3m.	*e*
	3f.	*he*
pl.	1	*hon, hor, hol*[2]
	2	*ho*
	3	*o*

ex. sg. 1 *ma / va zi, m'annoar, man gwaz* « ma maison, ma génisse, mon mari ».
2 *da / az di, d'annoar* « ta maison, ta génisse ».

---

[1] Après et devant voyelle.

[2] L'accommodation de ce préfixe, comme celle de l'article, n'est pas générale en Basse-Bretagne.

3m. *e di* « sa maison ».
3f. *he zi* « sa maison ».
pl. 1 *hon zi, hor fennoù, hol levrioù* « notre maison, nos têtes, nos livres ».
2 *ho ti* « votre maison ».
3 *o zi* « leur maison ».

La détermination par *hini* « celui, celle », *re* « ceux ».
La structure des syntagmes avec ces formes est la suivante : préfixe possessif + *hini* / *re* :
sg. 1 *ma hini, ma re* « le mien, la mienne, les miens, les miennes ».
2 *da hini, da re*, etc. « le tien, la tienne, les tiens, les tiennes ».
3m. *e hini, e re* « le sien, la sienne, les siens, les siennes (à lui) ».
3f. *he hini, he re* « le sien, la sienne, les siens, les siennes (à elle) ».
pl. 1 *hon, hini, hor re* « le nôtre, la nôtre, les nôtres ».
2 *ho hini, ho re* « la vôtre, la vôtre, les vôtres ».
3 *o hini, o re* « le leur, la leur, les leurs ».

La possession emphatique.
Lorsque l'on veut insister sur la personne du possesseur, on peut faire suivre le syntagme préfixe possessif suivi du substantif du pronom personnel respectif :

sg.	1	*ma zad-me* « mon père à moi ».
	2	*da dad-te* « ton père à toi ».
	3m.	*e dad-eñ* « son père à lui ».
	3f.	*he zad-he* « son père à lui ».
pl.	1	*hon zad-ni* « notre père à nous ».
	2	*ho tad-c'hwi* « votre père à vous ».
	3	*o zad-int* « leur père à eux ».

L'emploi est le même avec *hini* et *re*.

L'adjectif.
L'adjectif possède les catégories suivantes :
-comparaison : comparatif, superlatif, équatif.
-progression : parallèle, graduelle.
-exclamation.
-détermination.

Position de l'adjectif.
En position attributive[1] l'adjectif se place après son substantif :
amzer gaer « beau temps ».
un ti kozh « une vieille maison ».

Un nombre restreint d'adjectifs peuvent se placer avant leur substantif, cet emploi est rare :
gwir, ur gwir levr « un vrai livre ».
drouk, drouk skouer « mauvais exemple ».
fall, fall amzer, « mauvais temps ».
kaezh, ur gaezh vaouez « une pauvre femme ».
berr, en berr amzer « en temps court », i.e. « rapidement ».
meur, meur truez « grande pitié ».

Lorsque *kozh*, « vieux », précède le substantif, il signifie « mauvais, sale ».

La comparaison.
Le comparatif.
La structure des syntagmes incluant un comparatif est la suivante :
(élément 1 + verbe) adjectif + *-oc'h* (+ verbe) + *eget / evit*[2] + élément 2.
Brasoc'h eo egedon / evidon « il est plus grand que moi ».
E dad zo brasoc'h eget / evit he hini « son père est plus grand que le sien ».

---

[1] « d'épithète » dans les grammaires scolaires.
[2] La langue écrite utilise *eget* alors que la langue populaire utilise presque partout *evit*.

Les adjectifs se terminant par une consonne sonore dévoisent cette consonne devant *-oc'h* :

kozh « vieux », *koshoc'h*
nevez « nouveau », *nevesoc'h*
abred « tôt », *abretoc'h*

Comparatifs irréguliers.

mat « bon », *gwell, gwelloc'h*
fall « mauvais, *gwazh, gwashoc'h*

Le superlatif.

La structure des syntagmes incluant un superlatif est la suivante : article défini (+ déterminant *hini* / *re*) + adjectif + *-añ* (+ préposition *eus* élément infériorisé) :

ar brasañ / *an hini brasañ* « le plus grand ».
ar brasañ / *an hini brasañ eus* / *ag e vugale* « le plus grand de ses enfants ».

Les adjectifs se terminant par une consonne sonore dévoisent cette consonnes devant *-añ* :

kozh « vieux », *koshañ*
nevez « nouveau », *nevesañ*
abred « tôt », *abretañ*

Superlatifs irréguliers.

mat « bon », *gwellañ*
fall « mauvais », *gwazhañ*

Équatif.

La structure des syntagmes incluant un équatif est la suivante : *ken* + forme ordinaire de l'adjectif (+ *ha* + élément de comparaison) :

n'eo ket ken kozh ha me « il n'est pas aussi vieux que moi ».
ken pell emañ ma n'en gwel ket, « il est si loin qu'il ne le voit pas ».

La progression.

La progression parallèle.

La structure des syntagmes incluant une progression parallèle est la suivante :

seul + comparatif :

seul bravoc'h « d'autant plus beau ».
seul vui « d'autant plus que ».

La progression graduelle.

Dans la langue classique, ainsi que dans les parlers du sud-est, la progression graduelle se construit de la façon suivante :

adjectif + préposition *oc'h* (ou *ouzh*) + adjectif :

brav oc'h brav « de plus en plus beau ».
pell oc'h pell « de plus en plus loin ».

certains adjectifs font exception, par exemple pour *mat*, on dira :

gwell oc'h gwell « de mieux en mieux ».

Dans la plupart des parlers centraux et nord-ouest, la préposition *oc'h* a été comprise comme étant le suffixe *-oc'h* du superlatif et le suffixe *-añ* du comparatif à été suffixé à la répétition de l'adjectif. Bien qu'il s'agisse de l'adjectif + préposition *oc'h* + adjectif au superlatif, les grammaires normatives l'enseignent comme étant adjectif au comparatif + adjectif au superlatif, ainsi :

bravoc'h bravañ, « de plus en plus beau ».
pelloc'h pellañ, « de plus en plus loin ».

L'exclamation.

Dans la langue classique, ainsi que le sud de la Bretagne, la construction de l'exclamation se fait de la façon suivante :

(*na*) + adjectif + *-et*

na kaeret tra! « quelle belle chose! »
braset den « quel homme grand! »

Les adjectifs ayant un comparatif / superlatif irrégulier forment l'exclamation sur cette forme :

gwellet tra « quelle belle chose! »

Les adjectifs se terminant par une consonne sonore assourdissent cette consonne :

reizh, « correct », *reishet lezenn!* « quelle loi correcte! »

Dans les parlers du nord de la Bretagne, on utilise le superlatif :

kaerañ tra! « quelle belle chose! »

brasañ den! « quel homme grand! »

La langue écrite tend à utiliser *-at:*

bravat tra! « quelle belle chose! »

Dans le cas d'un syntagme plus long avec un verbe, l'usage le plus fréquent est d'utiliser la forme simple de l'adjectif :

na brav eo bezañ er gêr ! « que c'est plaisant d'être à la maison! »

L'utilisation de *pegen* à la place de *na* est fréquente :

pegen brav eo! « que c'est beau! »

La détermination.

La détermination définie.

La structure des syntagmes incluant une détermination définie est la suivante :

-singulier :

article défini + *hini* + adjectif :

an hini vihan « la petite ».

an hini kozh « le vieux ».

-pluriel :

article défini + *re* + adjectif :

ar re vihan « les petits /petites ».

ar re gozh « les vieux /vieilles ».

La présence de *hini* / *re* n'est pas obligatoire lorsque l'on utilise un superlatif :

an hini koshañ, ar c'hoshañ, « le plus vieux ».

ar re goshañ, ar c'hoshañ, « les plus vieux ».

La détermination indéfinie.

La structure des syntagmes incluant une détermination indéfinie est la suivante :

-singulier :

unan + adjectif :

unan vras « une grande ».
unan bihan « un petit ».

-pluriel :
re + adjectif :

re gozh « des vieux / vieilles ».
re vras « des grands / grandes ».

Le prépositif.
Dans cette catégorie entre un nombre limité de mots ayant en commun qu'ils se placent devant le substantif auquel il appartiennent.
Outre les quelques adjectifs cité supra, on peut mentionner le substantif *gast* « putain » qui, préposé à un substantif signifie « sacré, sacré ..., putain de ..., garce de ... ».

gast paotr « sacré garçon ».
gast amzer « putain de temps ».

Liste d'autres prépositifs :

kement « autant, chaque ».
Kement sizhun e oa, ez aen d'ar marc'had, « j'allais au marché toutes les semaines » (lit. « autant de semaines il y avait, j'allais au marché »).
memes « même ».
Ar memes paotr eo, « c'est le même garçon ».
holl « tout, tous ».
ma holl arc'hant, « tout mon argent ».
pep « chaque ».
pep ti, « chaque maison ».
pezh « grand[1] ».
ur pezh ti, « une grande maison ».
pikol « grand ».
ne'm eus ket gwelet pikol tra, « je n'ai pas vu grand chose ».

---

[1] *Pezh* n'a ce sens que lorsqu'il est prépositif.

Les pronoms.
On dénombre en breton les catégories suivantes :
-pronoms personnels indépendants.
-pronoms personnels infixes, dépendants.
-pronoms démonstratifs.
-pronoms interrogatifs.
-pronoms indéfinis.

Les pronoms personnels indépendants.

sg.	1	*me*
	2	*te*
	3m.	*eñ*
	3f.	*hi*
pl.	1	*ni*
	2	*c'hwi*
	3	*i, int*

emploi :
-Le pronom personnel indépendant peut constituer un syntagme indépendant dans une phrase :

C'hwi, labourerion-douar, « vous, paysans ».
Piv, me?, « qui, moi? »

-le pronom personnel indépendant s'utilise dans des syntagmes sans verbe après la conjonction *ha* « et » :

Ho tad ha c'hwi, « votre père et vous ».

-le pronom personnel indépendant s'utilise dans des appositions à un substantif, ou un patronyme :

E vamm, hag hi klañv, a chomas en he gwele, « sa mère, qui était malade, resta au lit ».

-le pronom personnel indépendant peut être sujet d'un nom verbal :

Hag eñ da gomz kreñv, « et lui de parler fort ».

-le pronom personnel dépendant peut être sujet d'un verbe (conjugaison analytique) :

Eñ a evo dour, « Il boira de l'eau ».

-le pronom personnel indépendant s'emploie comme prédicat (sujet sur lequel on attire l'attention) :

Eñ eo, « c'est lui ».

-le pronom personnel indépendant peut être objet du verbe à l'impératif, il suit le verbe :

Selaouet me, « écoutez moi ».
Pardonit eñ, « pardonnez lui ».

-le pronom personnel indépendant peut être objet d'un verbe conjugué à un temps composé :

Yann en deus i klevet, « Jean les a entendus ».

-le pronom personnel indépendant peut être objet d'un verbe conjugé à la conjugaison synthétique, il précède le verbe :

Eñ a welomp, « c'est lui que nous voyons ».

-le pronom personnel indépendant peut se placer après la préposition *sed, setu* « voilà »:

Setu ni, « nous voilà ».

-le pronom personnel indépendant entre dans la composition de l'équatif :

Yann a zo ken kozh hag eñ, « Jean est aussi vieux que lui ».

Les pronoms personnels infixes, dépendants.

sg.	1	*ma, m'*
	2	*da, 'z*
	3m.	*e*[1], *en*
	3f.	*he*[2], *hi*
pl.	1	*hon*
	2	*ho*
	3	*o*

---

1 Uniquement devant le nom verbal et le substantif.

2 Même remarque que pour *e*.

emploi :
-le pronom personnel infixe peut être placé devant un substantif pour définir la possession (voir supra à « La possession »).
-le pronom personnel infixe peut être placé devant un verbe à la conjuguaison analytique ou synthétique, il est alors objet de ce verbe[1] :

Me n'en anavezan ket, « je ne le connais pas ».
M'en anavez, « je le connais ».
Me a zo o vont d'e welet, « je vais le voir ».

Les pronoms interrogatifs.

a-beban « d'où? »
da belec'h « où? » (avec mouvement)
emen « où? »
eus pelec'h « d'où? »
pe « quoi? »
pegeit « combien de temps? »
pegement « combien? »
pegoulz « quand? »
pehini « lequel? »
pelec'h « où? »
penaos « combien? »
perak « pourquoi? »
pere « lesquels, lesquelles? »
pet « combien? »
petra « quoi? »
peur « quand? »
pezh, « quel, quelle, quels, quelles? »
piv « qui? »

Les pronoms indéfinis.

Liste de quelques pronoms indéfinis:

meur-a-unan « plusieurs ».
netra « rien ».
nikun « un quelconque ».

---

[1] Cet emploi est devenu rare hormis les parlers du sud-est ou il est systématique, ailleurs on utilise la préposition *a* avec les suffixes personnels.

pep seurt « toutes sortes de choses ».
pep unan « chacun ».
tra « rien ».
pep hini « chacun ».

La numération.

Le breton, comme toutes les langues celtiques traditionnelles modernes, a un système de numération vicésimal, c'est-à-dire que ce que l'on compte est rangé par vingtaines.

Les numéraux cardinaux.

Les numéraux cardinaux substantifs.

1	*unan*
2	m. *daou*, f. *div*
3	m. *tri*, f. *teir*
4	m. *pevar*, f. *peder*
5	*pemp*
6	*c'hwec'h*
7	*seizh*
8	*eizh*
9	*nav*
10	*dek*
11	*unnek*
12	*daouzek*
13	*trizek*
14	*pevarzek*
15	*pemzek*
16	*c'hwezhek*
17	*seitek*
18	*eitek, triwec'h*
19	*naontek*
20	*ugent*
21...29	*unan war-ugent...nav warn-ugent*
30	*tregont*
31...39	*unan ha tregont...nav ha tregont*[1]
40	*daou-ugent*

[1] De même pour tous les nombres au-dessus de trente.

50	*hanter-kant, hanter-c'hant*[1]
60	*tri-ugent*
70	*dek ha tri-ugent*
80	*pevar-ugent*
90	*dek ha pevar-ugent*
100	*kant*
101	*kant unan* [2]etc.
200	*daou-c'hant*[3] etc.
1000	*mil*

Les numéraux cardinaux adjectifs.
Exemples avec le mot *paotr* « garçon et le mot *plac'h* « fille » pour les numéraux féminins.

1	*ur paotr*
2	m. *daou baotr*, f. *div blac'h*
3	m. *tri faotr*, f. *tri blac'h*
4	m. *pevar faotr*, f. *peder flac'h*
5	*pemp paotr*
6	*c'hwec'h paotr*
7	*seizh paotr*
8	*eizh paotr*
9	*nav faotr*
10	*dek paotr*
11	*unnek paotr*
12	*daouzek paotr*
13	*trizek paotr*
14	*pevarzek paotr*
15	*pemzek paotr*
16	*c'hwezhek paotr*
17	*seitek paotr*
18	*eitek paotr, triwec'h paotr*
19	*naontek*

---

[1] La mutation de *kant* après *hanter* à cours dans les parlers du sud-est.

[2] Entre 100 et 110 on peut mettre les unités avant la centaine, *unan ha kant* etc.

[3] Autrefois on regroupait ce que l'on comptait par vingtaine entre 100 et 200 : *seizh ha seizh-ugent* « 147 ».

20 *ugent paotr*
21...29 *ur paotr warn-ugent...nav faotr warn-ugent,*
30 *tregont paotr*
31...39 *ur paotr ha tregont...nav faotr ha tregont*
40 *daou-ugent paotr*
50 *hanter-kant paotr, hanter-c'hant paotr*
60 *tri-ugent paotr*
70 *dek paotr ha tri-ugent*
80 *pevar-ugent paotr*
90 *dek paotr ha pevar-ugent*
100 *kant paotr*
101 *kant ur paotr*[1]
200 *daou-c'hant paotr* etc
1000 *mil paotr*

Les numéraux ordinaux.
Les numéraux ordinaux substantifs.

1° *kentañ, unanvet*
2° *eil, eilvet*, m. *daouvet*, f. *divet*
3° m. *trede, trivet,* f. *teirvet*
4° m. *pevare, pevarvet*, f. *pedervet*
5° *pempet, pempvet*
6° *c'hwec'hvet*
7° *seizhvet*
8° *eizhvet*
9° *navet*
10° *dekvet*
11° *unnekvet*
12° *daouzekvet*
13° *trizekvet*
14° *pevarzekvet*
15° *pemzekvet*
16° *c'hwezhekvet*
17° *seitekvet*

---

[1] Entre 100 et 110 on peut dire *ur paotr ha kant* etc.

18° *eitekvet, triwec'hvet*
19° *naontekvet*
20° *ugentvet*
21°...29°...*unanvet warn-ugent...navet warn-ugent*
30° *tregonvet*
31°...39° *unanvet ha tregont...navet ha tregont*
40 *daou-ugentvet*
50° *hanter-kantvet, hanter-c'hantvet*
60° *tri-ugentvet*
70° *dekvet ha tri-ugent*
80° *pevar-ugentvet*
90° *dekvet ha pevar-ugent*
100° *kantvet*
101° *kant unanvet*[1]
200° *daou-c'hantvet*
1000 *milvet*

Les numéraux ordinaux adjectifs.

1° *ar paotr kentañ, ar c'hentañ paotr*
2° m. *an eil / eilvet paotr, an daouvet paotr*, f. *an divet , an eil plac'h*
3° m. *an trede / trivet faotr*, f. *an teirvet flac'h*
4° m. *ar pevare / pevarvet paotr*, f. *ar pedervet plac'h*
5° *ar pempet / pempvet paotr*
6° *ar c'hwe'hvet paotr*
7° *ar seizhvet paotr*
8° *an eizhvet paotr*
9° *an navet faotr*
10° *an dekvet paotr*
11° *an unnekvet paotr*
12° *an daouzekvet paotr*
13° *an trizekvet paotr*
14° *ar pevarzekvet paotr*

---

[1] Entre 100 et 110 on peut aussi dire *unanvet ha kant,* .etc

15° *ar pemzekvet paotr*
16° *ar c'hwezhekvet paotr*
17° *ar seitekvet paotr*
18° *an triwec'hvet paotr, an eitekvet paotr*
19° *an naontekvet paotr*
20° *an ugentvet paotr*
21° *ar paotr kentañ / ar c'hentañ paotr warn ugent*
30° *an tregontvet paotr*
31° *ar paotr kentañ / ar c'hentañ paotr ha tregont*
40° *an daou-ugentvet paotr*
50° *an hanter-kantvet / c'hantvet paotr*
60° *an tri-ugentvet paotr*
70° *an dekvet paotr ha tri-ugent*
80° *ar pevar-ugentvet paotr*
90° *an dekvet paotr ha pevar-ugent*
100° *ar c'hantvet paotr*
101° *ar paotr kentañ ar c'hentañ paotr ha kant*
1000° *ar milvet paotr*

Les fractions.

1/2 *hanter*
1/4 *palevarzh, pevarenn, kard*
1/5 *pempveden*
1/6 *c'hwec'hvedenn*

etc. ; la règle est d'ajouter *-vedenn* au nombre.

L'heure.

eur, euriou, « heure, heures ».
ped eur eo ? « quelle heure est-il? »
emañ un eur / un eur eo, « il est une heure ».
teir eur hanter, « trois heures et demi ».
peder eur ha kard, « quatre heures et quart ».
peder eur ugent, « quatre heures vingt ».
pemp eur nemet / bihanoc'h dek, « cinq heures moins dix ».

un hanter eur, « une demi-heure ».
un c'hard eur, « un quart d'heure ».
kreisteiz, « midi[1] ».
hanternoz, « minuit[2] ».

La date.

On peut utiliser les numéros cardinaux ou les numéros ordinaux et l'on forme les syntagmes de la façon suivante :
(prép. *da*) + art. *an* / *ar* + numéral cardinal / ordinal + prép. *a* + *miz* + nom du mois.
ex. *d'ar bevarzekvet a viz gwengolo*, « le quatorze septembre ».
ar bemzek a viz here, « le quinze octobre ».
d'ar seizh a viz du, « le sept novembre ».

Le verbe.

Généralités.

Le verbe breton est particulièrement complexe et de nature à dérouter les étudiants, on utilise trois types de conjugaisons différentes : analytique, périphrastique et synthétique[3]. Le breton utilise sept temps fléchis, présent, imparfait, futur, prétérit, conditionnel 1 (potentiel), conditionnel 2 (irréel) et quatre temps composés : passé composé, plus-que-parfait, futur antérieur et le conditionnel composé. Nous verrons successivement : -les verbes réguliers, -le nom verbal, -l'adjectif verbal, -les trois types de conjugaisons, -les verbes irréguliers, -les temps composés.
Le verbe breton se présente sous l'aspect d'un radical sur lequel on suffixe les désinences de nom verbal, d'adjectif verbal ainsi que les désinences personelles.

---

1 Mot à mot « milieu du jour ».

2 Mot à mot « moitié de la nuit ».

3 À titre de comparaison, pour permettre au lecteur de se repérer, le français moderne utilise une conjugaison analytique, c'est à dire: sujet (pronom ou substantif) + verbe.

Le verbe régulier.

Le nom verbal par suffixation.

Voici la liste des suffixes utilisés. Notons qu'il existe quelques variations dialectales, il n'est pas rare de trouver des verbes dont la forme de nom verbal varie suivant les dialectes.

zéro : *lenn-*, n.v. *lenn* « lire ».
: *c'hoari-*, n.v. *c'hoari* « jouer ».
-a : *logot-*, n.v. *logota* « chercher des souris ».
: *pesket-*, n.v. *pesketa* « pêcher ».
-al : *harzh-*, n.v. *harzhal* « aboyer ».
: *nij-*, n.v. *nijal* « voler ».
-añ : *pren-*, n.v. *prenañ* « acheter ».
: *gouel-*, n.v. *gouelañ* « pleurer ».
-at : *laka-*, n.v. *lakaat* « mettre ».
: *labour-*, n.v. *labourat* « travailler ».
-ek : *red-*, n.v. *redek* « courir ».
-el : *lez-*, n.v. *lezel* « laisser ».
: *laosk-*, n.v. *laoskel* « laisser ».
-en : *doug-*, n.v. *dougen* « porter ».
-et : *kousk-*, n.v. *kousket* « dormir ».
: *gwel-*, n.v. *gwelet* « voir ».
-ezh : *laer-*, n.v. *laerezh* « voler ».
: *marc'heg-*, n.v. *marc'hegezh* « chevaucher ».
-i : *preder-*, n.v. *preder* « considérer »
-in : *c'hoarzh-*, n.v. *c'hoarzhin* « rire ».
-iñ : *debr-*, n.v. *debriñ* « manger ».
: *desk-*, *deskiñ* « apprendre ».
-n : *aotre-*, n.v. *aotren* « autoriser ».
: *gorre-*, n.v. *gorren* « élever ».
out[1] : *plij-*, n.v. *plijout* « plaire ».

---

1 On trouve cette terminaison dans un certain nombre de verbes qui sont des composés du verbe *bout*, « être », dans ce cas précis, et dans une perspective diachronique, ce n'est pas un suffixe: *anavez-*, n.v. *anavezout* « connaître », *c'hoarvez-*, n.v. *c'hoarvezout* « se passer », *talvez-*, n.v. *talvezout* « valoir », etc. D'autre part, ainsi que nous le verrons, le suffixe formant le

: *kav-*, n.v. *kavout* « trouver ».
-*z* : *gorto-*, n.v. *gortoz* « attendre ».

Noms verbaux avec suffixation et modification de la base verbale.
marv-, n.v. *mervel* « mourir ».
galv-, n.v. *gervel* « appeler ».
taol-, n.v. *teurel* « envoyer ».
gounez-, n.v. *gounit* « gagner ».

Adjectif verbal.
Le nombre de suffixes est beaucoup plus restreint que pour le nom verbal ;
-*et* : *debr-*, a.v. *debret* « mangé ».
: *desk-*, a.v. *desket* « appris ».

Les trois types de conjugaisons.
La conjugaison analytique.
La conjugaison analytique s'utilise obligatoirement dans les types de syntagmes suivants :
I - sujet (préfixe personnel, substantif, patronyme) + *a* (particule verbale) + base verbale + suffixe de temps ;
II - objet direct + *a* (particule verbale) + base verbale + suffixe de temps + sujet (patronyme, substantif, pronom démonstratif);
III - partie du discours autre que le sujet ou l'objet direct + *e* (particule verbale) + base verbale + sujet (patronyme, substantif, pronom démonstratif).

Nota : 1) ainsi que l'on le constate, on ne peut exprimer toutes les personnes du singulier et du pluriel que dans le cas de I. Les cas II et III sont réserves aux troisièmes personnes.

---

participe passé est dans la plupart des cas *-et*, ce qui crée, pour certains verbes, une homophonie avec le nom-verbal. C'est pourquoi ont été crée de façon artificielle des noms-verbaux tel *lavarout*, *gwelout*, *klevout*, *sellout*. Ces formes tendent à remplacer dans la langue littéraire moderne les formes authentiques (respectivement *lavaret*, *gwelet*, *klevet*, *sellet*)

2) l'influence du français étant constante en Bretagne, on note dans les parlers une haute fréquence de ce type de conjugaison, ce qui n'existait pas traditionnellement.

Les suffixes de temps[1]**.**

Présent.

zéro

ex. *Gweltaz a zebr bara* « C'est Gildas qui mange du pain ».

Imparfait.

-e

Bara a zebre e dud « C'est du pain que mangeaient ses parents ».

Prétérit.

-as

Amañ e tebras Gweltaz bara « C'est ici que Gildas mangea du pain ».

Futur.

-o, -ay

Pelec'h e tebro hennezh? « Où mangera celui-là? »

Conditionnel 1 (potentiel).

Ce temps exprime se qui pourrait se réaliser.

-fe,

Bara a zebrfe Gweltaz « Gildas mangerait du pain ».

Conditionnel 2 (irréel).

Ce temps exprime se qui aurait pu se réaliser.

-je,

Bara a zebrje Gweltaz « Gweltaz aurait mangé du pain ».

---

[1] Les suffixes de temps correspondent à la flexion de la troisième personne du singulier de la conjugaison synthétique. On trouvera des notes explicatives infra.

La conjugaison périphrastique.
Cette conjugaison ne s'utilise qu'en tête de proposition, elle se construit de la façon suivante :
nom verbal + a (particule verbale) + conjugaison synthétique du verbe auxiliaire *ober* (voir infra) :
Debriñ a raio Gweltaz bara « Gweltaz mangera du pain ».
Debriñ a ra e dud bara « ses parents mangent du pain ».

Conjugaison synthétique.
Cette conjugaison est caractérisée par l'utilisation de suffixes personnels.
Elle s'emploie dans les syntagmes suivants :
1° - objet direct + *a* (particule verbale) + base verbale + suffixe personnel ;
2 - partie du discours autre que le sujet ou l'objet direct + *e* (particule verbale) + base verbale + suffixe personnel ;
3° - *ne* (particule négative) base verbale + suffixe personnel + *ket* (particule négative ;
Bara a zebrez « tu manges du pain ».
Amañ e tebrfomp bara « nous mangerons du pain ici ».
Petra zebri? « que mangeras-tu? »
Ne zebrfet ket bara « vous ne mangerez pas de pain ».

Les Suffixes personnels.
Présent.

sg.	1	*-an*,
	2	*-ez*
	3	zéro
pl.	1	*-omp*
	2	*-it*
	3	*-ont*
	0[1]	*-er*

emploi : *bara a zebromp* « nous mangeons du pain ».

---

[1] C'est à dire l'impersonnel, qui n'est attesté dans les parlers vivants qu'au présent.

Imparfait.

sg.	1	*-en*
	2	*-es*
	3	*-e*
pl.	1	*-emp*
	2	*-ec'h*
	3	*-ent*
	0	*-ed*

emploi : *tud a welen* « je voyais des gens ».

Prétérit[1]**.**

sg.	1	*-is*
	2	*-jout*
	3	*-as*
pl.	1	*-jomp*
	2	*-joc'h*
	3	*-jont*
	0	*-jod*

emploi : *ur wezh e komzas outañ* « il lui parla une fois ».

Futur.

sg.	1	*-in*
	2	*-i*
	3	*-o*
pl.	1	*-fomp*
	2	*-fet*
	3	*-font*
	0	*-fer*

emploi : *dour a brenfet* « vous achèterez de l'eau ».

Conditionnel 1, ou potentiel.

sg.	1	*-fen*
	2	*-fes*
	3	*-fe*

[1] Seul le sg. 3 est vivant dans les parlers modernes.

pl. 1 *-femp*
2 *-fec'h*
3 *-fent*
0 *-fed*

emploi : *un ti a brenfes* « tu achèterais une maison ».

Conditionnel 2 ou irréel.

sg. 1 *-jen*
2 *-jes*
3 *-je*
pl. 1 *-jemp*
2 *-jec'h*
3 *-jent*
0 *-jed*

emploi : *un ti a brenjes* « tu aurais acheté une maison ».

Impératif.

sg. 2 zéro
3 *-et*
pl. 1 *-omp*
2 *-it*
3 *-ent*

emploi : *komz* « parle ».

Les verbes irréguliers.

Ils sont au nombre de quatre : *bout, bezañ* « être, avoir », *mont, monet* « aller », *gouzout* « savoir », *ober* « faire ».

***Bout*[1], *bezañ*, adjectif verbal *bet*.**

emploi : *plijus eo bezañ yaouank* « c'est agréable d'être jeune ».

---

[1] *Bout* est la forme régulière en moyen-breton, elle est utilisée dans à peu près toute la moitié sud de la Bretagne. La base verbale de *bout* est *bez-*, et sur cette base a été formée un nouvel infinitif à l'aide du suffixe *-añ*.

Conjugaisons absolue « être ».
Présent.

sg.	1	*on*
	2	*out*
	3	*eo, zo, eus*
pl.	1	*omp*
	2	*oc'h*
	3	*int*
	0	*oar*

emploi : *klañv on* « je suis malade ».

Présent de localisation[1]**.**

sg.	1	*emaon*
	2	*emaout*
	3	*emañ, ema*
pl.	1	*emaomp*
	2	*emaoc'h*
	3	*emaint, emant*
	0	*emeur*

emploi : *emañ er gêr* « il est à la maison ».

Présent d'habitude.

sg.	1	*vezan*
	2	*vezez*
	3	*vez*
pl.	1	*vezomp*
	2	*vezet, vec'h*
	3	*vezont*
	0	*vezer*

---

[1] Ces formes fonctionnent soit avec un adverbe de lieu, ex. *emañ amañ* « il est ici », soit dans le cas d'une forme progressive: *emaomp o labourat* « nous sommes en train de travailler ». Seul *ema* (moyen-breton *ema*) et *emant* ont cours dans les parlers du sud-est et peuvent s'utiliser sans adverbe de lieu. *Emañ* est une forme récente analogique, cela n'est pas une variante de prononciation de *ema*.

emploi : *pa vezomp o labourat* « lorsque nous sommes en train de travailler ».

Imparfait.

sg.	1	*oan*
	2	*oas*
	3	*oa*
pl.	1	*oamp*
	2	*oac'h*
	3	*oant*
	0	*oad*

emploi : *pelec'h e oac'h* « où étiez-vous? ».

Imparfait d'habitude.

sg.	1	*vezen*
	2	*vezez*
	3	*veze*
pl.	1	*vezemp*
	2	*vezec'h*
	3	*vezent*
	0	*vezed*

emploi : *kaer e veze an amzer* « le temps était (habituellement) beau ».

Imparfait de localisation.

sg.	1	*edon*
	2	*edos*
	3	*edo*
pl.	1	*edomp*
	2	*edoc'h*
	3	*edont*

emploi : *edo o labourat er gêr* « il travaillait à la maison ».

Prétérit[1].

sg. 1 *voen*
2 *voes*
3 *voe*
pl. 1 *voemp*
2 *voec'h*
3 *voent*
0 *voed*

emploi : *ne voe klañv nemet ur wezh* « il ne fut malade qu'une fois ».

Futur.

sg. 1 *vin*
2 *vi*
3 *vo*
pl. 1 *vefomp*
2 *vefet*
3 *vefont*
0 *vefer*

emploi : *ne vin ket amañ a-benn arc'hoazh* « je ne serai pas là demain ».

Conditionnel 1.

sg. 1 *vefen*
2 *vefes*
3 *vefe*
pl. 1 *vefemp*
2 *vefec'h*
3 *vefent*
0 *vefed*

emploi : *mat e vefe* « ce serait bien ».

---

[1] Disparu de la langue populaire.

Conditonnel 2[1]**.**

sg. 1 *vijen*
2 *vijes*
3 *vije*
pl. 1 *vijemp*
2 *vijec'h*
3 *vijent*
0 *vijed*

emploi : *mat e vije* « ça aurait été bien ».

Impératif.

sg. 2 *bez*
3 *bezet*
pl. 1 *bezemp*
2 *bezec'h*
3 *bezent*

emploi : *bezit amañ da zek eur* « soyez là à dix heures ».

Nota : l'âge s'exprime traditionnellement avec les formes correspondant à « être » : *dek vloaz eo* « il a dix ans » ; dans la presque totalité de la Basse-Bretagne, sous l'influence croissante du français, on utilise les formes correspondant au verbe « avoir » : *dek vloaz en deus* « il a dix ans ».

Conjugaisons avec pronoms infixes, sens d'« avoir »[2]**.**

---

[1] Bien souvent utilisé dans le sens d'un imparfait d'habitude.

[2] Les langues celtiques n'ont pas de verbe « avoir » et expriment cette notion à l'aide de tournures du type « c'est à moi ». Ce type d'expressions a donné naissance en breton et en cornique à des formes correspondantes à un verbe « avoir », Elles ont tendance, à l'époque moderne, à devenir des formes personnelles conjuguées comme celles des verbes réguliers. Les paradigmes sont basés sur la flexion du verbe « être » à la troisième personne du singulier et sont combinés à des pronoms infixes. La composition n'est pas sentie par les locuteurs.

Nom verbal[1].

kaout[2]*bout, bezañ*

emploi : *diaes eo kavout tud* « c'est difficile de trouver des gens ».

kalet eo bout argant « c'est difficile d'avoir de l'argent ».

Adjectif verbal.

bet : *me am eus bet un ti* « j'ai une maison ».

Présent.

sg.	1	*am eus, em eus*
	2	*ac'h eus, ec'h eus,*
	3m.	*en deus*
	3f.	*he deus*
pl.	1	*hon eus*
	2	*hoc'h eus*
	3	*o deus*

emploi : *me am eus prenet un ti* , *prenet em eus un ti* « j'ai acheté une maison ».

Présent d'habitude.

sg.	1	*am bez, em bez*
	2	*az pez, ez pez*
	3m.	*en devez*
	3f.	*he devez*
pl.	1	*hor bez*
	2	*ho pez*
	3	*o devez*

emploi : *me am bez labour bemdez* « j'ai du travail tous les jours ».

---

[1] L'adjectif verbal est le même que pour la conjugaison absolue.

[2] En fait une forme de *kavout* « trouver ».

Imparfait.

sg.	1	*am boa, em boa*
	2	*az poa, ez poa*
	3m.	*en doa*
	3f.	*he doa*
pl.	1	*hor boa*
	2	*ho poa*
	3	*o doa*

emploi : *un ti bras o doa* « ils avaient une grande maison ».

Imparfait d'habitude.

sg.	1	*am beze, em beze*
	2	*az peze, ez peze*
	3m.	*en deveze,*
	3f.	*he deveze*
pl.	1	*hor beze*
	2	*ho peze*
	3	*o deveze*

emploi : *ur gopr mat en deveze beb miz* « il avait un bon salaire tous les mois ».

Préterit[1]**.**

sg.	1	*am boe, em boe*
	2	*az poe, ez poe*
	3m.	*en doe*
	3f.	*he doe*
pl.	1	*hor boe*
	2	*ho poe*
	3	*o doe*

emploi : *un souezhadenn en doe* « il eut une surprise ».

---

1 Disparu de la langue populaire.

Futur.

sg.	1	*am bo, em bo*
	2	*az po, ez po*
	3m.	*en do*
	3f.	*he do*
pl.	1	*hor bo*
	2	*ho po*
	3	*o do*

emploi : *ur banne dour ho po* « vous aurez un verre d'eau ».

Conditionnel 1.

sg.	1	*am befe, em befe*
	2	*az pefe, ez pefe*
	3m.	*en defe*
	3f.	*he defe*
pl.	1	*hor befe*
	2	*ho pefe*
	3	*o defe*

emploi : *un ti o defe* « ils auraient une maison ».

Conditionnel 2[1].

sg.	1	*am bije, em bije*
	2	*az pije, ez pije*
	3m.	*en dije*
	3f.	*he dije*
pl.	1	*hor bije*
	2	*ho pije*
	3	*o dije*

emploi : *un ti o dije* « ils auraient eu une maison ».

---

[1] Bien souvent utilisé dans le sens d'un imparfait d'habitude.

Impératif.

sg.	1	*am bezet*
	2	*az pez*
	3m.	*en devezet*
	3f.	*he devezet*
pl.	1	*hon bezet*
	2	*ho pezet*
	3	*o devezet*

emploi : *az pee amzer* « aie le temps ».

Mont, monet **, adjectif verbal *aet, oaet,* « aller ».**

Présent.

sg.	1	*an*
	2	*ez*
	3	*a*
pl.	1	*eomp*
	2	*it*
	3	*eont, ant*
	0	*eer*

emploi : *ez an d'ar ger* « je vais à la maison ».

Imparfait.

sg.	1	*aen*
	2	*aes*
	3	*æ*
pl.	1	*aemp*
	2	*aec'h*
	3	*aent*
	0	*aed*

emploi : *pelec'h ez aec'h* « où alliez-vous? »

Prétérit[1]**.**

sg.	1	*is*
	2	*ejout*

[1] Seul le sg. 3 est vivant en breton populaire.

	3	*eas*
pl.	1	*ejomp*
	2	*ejoc'h*
	3	*ejont*
	0	*ejod*

emploi : *d'ar bourmen ez eas* « il alla se promener ».

Futur.

sg.	1	*in*
	2	*i*
	3	*ay*
pl.	1	*efomp*
	2	*efet,*
	3	*efont,*
	0	*efer*

emploi : *perak ez i d'en gwelet?* « pourquoi iras-tu le voir? »

Conditionnel 1.

sg.	1	*afen*
	2	*afes*
	3	*afe*
pl.	1	*afemp*
	2	*afec'h*
	3	*afent*
	0	*afed*

emploi : *ma'z afe d'ho kwelet «* s'il allait vous voir ».

Conditionnel 2.

sg.	1	*ajen*
	2	*ajes*
	3	*aje*
pl.	1	*ajemp*
	2	*ajec'h*
	3	*ajent*
	0	*ajed*

emploi : *d'ar zebriñ ez aje* « il serait allé manger ».

Impératif.

sg. 2 *kae*
3 *aet*
pl. 1 *eomp*
2 *kit,*
3 *aent*

emploi : *kae* « va ».

***Gouzout,* « savoir », adjectif verbal : + *-et* à la base verbale.**

Présent.

sg. 1 *gouzon*
2 *gouzout*
3 *goar*
pl. 1 *gouzomp*
2 *gouzoc'h*
3 *gouzont*
0 *gouzer*

emploi : *n'ouzout ket brezhoneg* « tu ne sais pas le breton ».

Imparfait.

sg. 1 *gouien*
2 *gouies*
3 *gouie*
pl. 1 *gouiemp*
2 *gouiec'h*
3 *gouient*
0 *gouied*

emploi : *ne ouie ket galleg* « il ne savait pas le français ».

Prétérit.

sg. 1 *gouezis*
2 *gouejout*
3 *gouezas*
pl. 1 *gouejomp*

2 *gouejoc'h*
3 *gouejont*
0 *gouejod*

emploi : *ne ouezas ket petra oa c'hoarvezet* « il ne sut pas ce qui s'était passé ».

Futur.

sg. 1 *gouezin*
2 *gouezi*
3 *gouezo*
pl. 1 *gouezfomp*
2 *gouezfet*
3 *gouezfont*
0 *gouezfer*

emploi, *mont a rin pa ouezin piv eo* « j'irai lorsque je saurais qui c'est ».

Conditionnel 1.

sg. 1 *goufen*
2 *goufes*
3 *goufe*
pl. 1 *goufemp*
2 *goufec'h*
3 *goufent*
0 *goufed*

emploi : *ma oufe pelec'h emañ* « s'il savait ou il est ».

Conditionnel 2.

sg. 1 *gouijen*
2 *gouijes*
3 *gouije*
pl. 1 *gouijemp*
2 *gouijec'h*
3 *gouijent*
0 *gouijed*

emploi : *ne ouije netra* « il n'aurait rien su ».

Impératif.

sg.	2	*gouez*
	3	*gouezet*
pl.	1	*gouezomp*
	2	*gouezit*
	3	*gouezent*

emploi : *gouezit* « sachez ».

Ober **« faire », adjectif verbal *graet*.**
Présent.

sg.	1	*ran*
	2	*rez*
	3	*ra*
pl.	1	*reomp*
	2	*rit*
	3	*reont*
	0	*reer*

emploi : *ne ra netra* « il ne fait rien ».

Imparfait.

sg.	1	*raen*
	2	*res*
	3	*rae*
pl.	1	*raemp*
	2	*rec'h*
	3	*raent*
	0	*raed*

emploi : *petra raent?* « que faisaient ils? ».

Prétérit.

sg.	1	*ris, rejon, rezan*
	2	*rejout, rezout*
	3	*reas, eure*
pl.	1	*rejomp, rezamp*

2 *rejoc'h*
3 *rejont*
0 *rejod*

emploi : *n'ouzon ket petra a reas goude* « je ne sais pas ce qu'il fit après ».

Futur.

sg. 1 *rin*
2 *ri*
3 *raio*
pl. 1 *refomp*
2 *rafet*
3 *refont*
0 *rafer*

emploi : *setu ar pezh a rafet* « voici ce que vous ferez ».

Conditionnel 1.

sg. 1 *rafen*
2 *rafes*
3 *rafe*
pl. 1 *rafemp*
2 *rafec'h*
3 *rafent*
0 *rafed*

emploi : *ha ma rafes un dro* « et si tu faisais un tour ».

Conditionnel 2.

sg. 1 *rajen*
2 *rajes*
3 *raje*
pl. 1 *rajemp*
2 *rajec'h*
3 *rajent*
0 *rajed*

emploi : *ne rajemp netra* « nous n'aurions rien fait ».

Impératif.

sg.	2	*gra*
	3	*graet*
pl.	1	*reomp*
	2	*gri t*
	3	*graent*

emploi : *gra ar gegin* » fais la cuisine ».

Les temps composés.
Les temps composés se forment avec les paradigmes du verbes *bout,* série avec pronoms infixes (sens « avoir ») plus l'adjectif verbal, exemple avec *debriñ* « manger », a.v. *debret : debret em eus, debret em boa «* j'ai mangé, j'avais mangé ». Suivant la syntaxe l'adjectif verbal peut se situer avant ou après le verbe auxiliaire : *debret em eus kig / kig am eus debret* « j'ai mangé de la viande ».

Passé composé.

sg.	1	*am eus debret*
	2	*az peus debret*
	3m.	*en deus debret*
	3f.	*he deus debret*
pl.	1	*hon eus debret*
	2	*ho peus debret*
	3	*o deus debret*

Plus-que-parfait.

sg.	1	*am boa debret*
	2	*az poa debret*
	3m.	*en doa debret*
	3f.	*he doa debret*
pl.	1	*hon doa debret*
	2	*ho poa debret*
	3	*o doa debret*

Passé antérieur[1].

sg.	1	*am boe debret*
	2	*az poe debret*
	3m.	*en doe debret*
	3f.	*he doe debret*
pl.	1	*hor boe debret*
	2	*ho poe debret*
	3	*o doe debret*

Futur antérieur.

sg.	1	*am bo debret*
	2	*az po debret*
	3m.	*en do debret*
	3f.	*he debret*
pl.	1	*hor bo debret*
	2	*ho po debret*
	3	*o do debret*

Conditionnel composé.

sg.	1	*am befe debret*
	2	*az pefe debret*
	3m.	*en defe debret*
	3f.	*he defe debret*
pl.	1	*hor befe debret*
	2	*ho pefe debret*
	3	*o defe debret*

La négation du verbe.

-On utilise *ne* (*ned*+ voyelle) + verbe + *ket* (sauf dans le cas d'une subordonnée relative, voir infra) :

ne welan ket « je ne vois pas ».

hiziv ne zebrez ket bara « aujourd'hui tu ne manges pas de pain ».

bara ne zebromp ket hiziv « nous mangeons pas de pain aujourd'hui ».

ned an ket « je vais pas ».

---

[1] Extrêmement rare.

-On utilise *na* + verbe + *ket* lorsque la phrase négative est une subordonnée relative d'une proposition principale :

Gwelet ho peus an den na gomzan ket outañ? « avez-vous vu l'homme à qui je ne parle pas? »

Setu amañ ul levr na 'c'h eus ket lennet « voilà un livre que tu n'as pas lu ».

-On utilise *na* + verbe à l'impératif + *ket* :

na gomz ket « ne parle pas ».

Les particules verbales.

Il y a deux types de particules, celles que l'on trouve devant le nom verbal afin de faire un gérondif, et celle que l'on trouve devant un verbe fléchi.

Les particules verbales devant le nom verbal.

Les particules verbales *o* et *en ur* placées devant le nom verbal, elles servent à exprimer qu'une action est en train de se produire :

-*o* : *me a zo o vont* « je vais » (= je suis en train d'aller).

emañ o tebriñ « je mange » (= il est en train de manger).

paouez, ni zo o labourat « arrête, nous sommes en train de travailler ».

en ur: *te a c'hello ober an dra-se en ur vont d'ar gêr* « tu pourras faire en allant à la maison ».

n'hellin ket komz en ur zebriñ ma merenn « je ne pourrai pas parler en déjeunant ».

Les particules verbales devant un verbe fléchi.

-On utilise *a* dans les phrases affirmatives lorsque l'objet direct ou le sujet précède le verbe :

te a ev dour « toi, tu bois de l'eau ».

petra a evez « que bois-tu? »

an den a welomp « l'homme que nous voyons ».

-On utilise *e* (*ez* devant une voyelle) dans les phrases affirmatives lorsqu'un autre élément que l'objet direct ou le sujet précède le verbe :

bemdez e tebr bara « il mange du pain tous les jours ».

perak ez ez kuit ? « pourquoi pars-tu ? ».
er gêr e tiskuizhan « je me repose à la maison ».

-On utilise *da, ra* + verbe au futur, conditionnel 1, pour exprimer un souhait :
resevet mat ra vo da dad « que ton père soit bien reçu ».
Doue d'hon pardono! « que Dieu nous pardonne! »

Les prépositions.
L'inventaire des prépositions est particulièrement riche en breton, il y a des prépositions flexionnelles simples et composées et des prépositions non-flexionnelles.
Les prépositions se comportent comme des préfixes nominaux, lorsqu'elles sont pourvues de suffixes personnels, ce sont des mots indépendants.

Les prépositions flexionnelles.
Les prépositions flexionnelles simples.
Les prépositions comme préfixes nominaux.
Liste de prépositions : certaines locales ou archaïques, ne sont pas reprises ici:

a, ag « de » ; *kalz a dud* « beaucoup de gens » ; *er maez ag an ti* « en dehors de la maison »

da « à » ; *d'ar gêr* « à la maison ».

davet « vers » ; *davet ar stêr* « vers la rivière ».

digant « de, à » ; *digant e eontr* « de [la part de] son oncle ».

dindan , *edan* « sous » ; *dindan an daol* « sous la table ».

dirak , *rak* « devant » ; *dirak an ti* « devant la maison ».

diouzh « de » ; *eizh eur diouzh ar beure* « huit heures du matin ».

diwar , « de dessus » ; *tud diwar ar maez* « gens de la campagne ».

dreist, « par-dessus » ; *dreist an ti* « par-dessus la maison ».

e , *en* « dans » ; *e ti Tremeur* « dans la maison de Tremeur ».

eget « pour » ; *brasoc'h eget en ti* « plus grand que la maison ».

etre , *kenetre* « entre » ; *etre an daou di* « entre les deux maisons ».

evel « comme » ; *evel Gweltaz* « comme Gweltaz ».

evit « pour » ; *evit an ti* « pour la maison ».

gant « avec, par » ; *aet eo kuit gant e vreur* « il est parti avec son frère » ; *lazhet eo bet gant e vreur* « il a été tué par son frère ».

hep « sans » ; *hep arc'hant* « sans argent ».

hervez « selon » ; *hervez Mazhe* « selon Mathieu ».

nemet « sauf » ; *ne chome nemet Treveur* « il ne restait que Tremeur ».

ouzh , *douzh* « contre » ; *ret eo sellet ouzh ar mor* « il faut regarder la mer ».

war, « sur » ; *war an daol* « sur la table ».

Les suffixes personnels.

Les suffixes sont réguliers, mais les éléments prenant place entre la préposition et le suffixe sont irréguliers.

Type 1 :

sg.	1	*-on*
	2	*-out*
	3m.	*-añ*
	3f.	*-i*
pl.	1	*-omp*
	2	*-oc'h*
	3	*-e,*

Sur ce modèle : *dindan, dreist, en (e)*[1] ; de même les prépositions *davet, evit, nemet*, toutefois, elles voisent le *-t* en *-d* aux sg. 1, 2, et pl. 1, 2.

Sur ce même modèle mais avec l'intrusion d'éléments entre la préposition et le suffixe :

---

[1] Dans l'orthographe moderne on redouble le *-n-*, *ennon* etc.

a, ag « de »			*a-raok* « avant ».
sg.	1	*ac'hanon*	*araozon*
	2	*ac'hanout*	*araozout*
	3m.	*anezhañ*	*araozañ*
	3f.	*anezhi*	*araozi*
pl.	1	*ac'hanomp*	*araozomp*
	2	*ac'hanoc'h,* etc	*araozoc'h,* etc
	3	*anezhe*	*araoze*

emploi : *me ne'm eus ket soñj anezhi* « je ne me rappelle pas d'elle ».

Sur le même modèle que *a-raok* : *dirak, dre, eme, etre* (uniquement au pl.) *hervez.*

war« sur ».

sg.	1	*warnon*
	2	*warnout*
	3m.	*warnañ*
	3f.	*warni*
pl.	1	*warnomp*
	2	*warnoc'h*
	3	*warne*

emploi : *kouezhet eo warnon* « il est tombé sur moi ».

Sur ce même modèle : *diwar.*

Type 2:

sg.	1	*-don*
	2	*-dout*
	3m.	*-tañ*
	3f.	*-ti*
pl.	1.	*-domp*
	2	*-doc'h*
	3	*-to*

Sur ce modèle: *evel, hep.*

Type 3 :

sg.	1	*-in*
	2	*-it*
	3m.	*-añ*
	3f.	*-i*
pl.	1	*-eomp*
	2	*-eoc'h*
	3	*-e, -o*

Les éléments interposés entre la préposition et les suffixes sont très variants avec ce type de flexion :

da « à »			*gant* « avec, par ».
sg.	1	*din*	*ganin*
	2	*dit*	*ganit*
	3m.	*dezhañ*	*gantañ*
	3f.	*dezhi*	*ganti*
pl.	1	*deomp*	*ganeomp*
	2	*deoc'h*	*ganeoc'h*
	3	*dezhe*	*gante*

emploi : *ne fell ket dezhañ mont ganeoc'h* « il ne veut pas aller avec vous ».

Sur le même modèle que *gant* : *digant* « de ».

ouzh « contre ».

sg.	1	*ouzhin*
	2	*ouzhit*
	3m.	*outañ*
	3f.	*outi*
pl.	1	*ouzhimp*
	2	*ouzhoc'h*
	3	*oute*

emploi : *sell ouzh ar plac'h* « regarde la fille ».

Sur le même modèle que *ouzh* : *diouzh* « de ».

Les prépositions composées.
Dans la préposition composée, on identifie au moins un élément utilisé par ailleurs dans la morphologie.
Choix de prépositions composées:

a-berzh « de la part de ».
a-dreñv da « derrière ».
a-raok « avant « avant ».
abalamour da « pour la raison que ».
bet en « jusqu'à ».
daoust da « en dépit de ».
diwar-benn « à propos de ».
e-keñver « en face de ».
e-kichen « à côté de ».
e-lec'h « à la place de ».
e-mesk « parmi ».
e-tal « à côté » ; *e-tal an ti* « à côté de la maison ».
e-touez « parmi ».
en abeg da « à cause de ».
en desped da « en dépit de ».
tost da « près de ».
war-lerc'h « après, derrière ».
war-dro « autour de, à propos de ».
war-zu « vers ».

Les formes personnelles.
Les prépositions composées dans lesquelles on identifie une préposition simple font leurs formes personnelles avec les formes fléchies de la préposition correspondante :

tost da ;	sg.	1	*tost din*
		2	*tost dit*
		3m.	*tost dezhañ*
		3f.	*tost dezhi*
	pl.	1	*tost deomp*
		2	*tost deoc'h*
		3	*tost dezhe*

Les prépositions comme *a-berzh, diwar benn, war-dro* se conjuguent avec les pronoms possessifs selon le modèle suivant :

sg.	1	*diwar ma fenn*
	2	*diwar da benn*
	3m.	*diwar e benn*
	3f.	*diwar he fenn*
pl.	1	*diwar hon fenn*
	2	*diwar ho penn*
	3	*diwar o fenn*

Les prépositions non-flexionnelles.
Choix de prépositions non-flexionnelles :

a-benn « au bout de ».
a-hed « le long de ».
a-rez « au ras de ».
a-zivout « à propos de ».
abaoe « depuis ».
adalek « depuis ».
dre « par ».
e-barzh « dans ».
e-pad « durant ».
e-kreiz « au milieu de ».
eus « de ».
goude « après ».
war-c'horre « à la surface de ».

Les conjonctions.
Les conjonctions de coordination.

hag, ha (devant consonne) « et ».
hogen « mais ».
mes « mais ».
nag, na (devant consonne) « ni ».
pe « ou ».
rak « car ».

Les conjonctions de subordination.

ma « si ».
mar « si ».
pa « lorsque ».
peogwir « parce que ».

L'adverbe.

L'adverbe est invariable. On distingue en breton deux catégories d'adverbes : -l'adverbe primaire.

-l'adverbe secondaire, c'est-à-dire celui dans lequel on identifie au moins un élément apparaissant déjà dans la morphologie.

Les adverbes primaires.

-choix d'adverbes primaires :

adarre « à nouveau ».
alies « souvent ».
amañ « ici ».
arc'hoazh « demain ».
arre « à nouveau ».
asambles « ensemble ».
aze « là ».
biskoazh « jamais » (dans le passé).
c'hoazh « encore ».
dec'h « hier ».
eno « là ».
fenoz « ce soir ».
gwezhall « autrefois ».
hiziv « aujourd'hui ».
james « jamais ».
meur « plusieurs ».
morse « jamais ».
mui « plus ».
neoazh « cependant ».
neuze « alors ».

Les adverbes secondaires.

Choix d'adverbes secondaires :

a-benn « au bout de ».
a-dreuz « au travers ».
a-gevret « ensemble ».
a-hend-all « par ailleurs ».
a-wezhioù « parfois ».
bemdez « tous les jours ».
bemnoz « toutes les nuits ».

biken « jamais » (dans le futur)
bremañ « maintenant ».
du-hont « là-bas ».
du-mañ « chez moi ».
du-se « chez toi / chez vous ».
er-maez « au dehors ».
evel-mañ « comme ça ».
gwezh ebet « jamais ».
gwezhadoù « parfois ».
kentoc'h « plutôt ».
koulskoude « cependant ».
ouzhpenn « en plus ».
trawalc'h « assez ».

3 CONVERSATIONS

On trouvera ici quelques dialogues mettant en application les faits grammaticaux que l'on vient de voir. Il ne peut être question de mettre en scène des situations telles que celles que l'on trouve dans les manuels d'anglais, d'allemand, d'italien etc. , c'est-à-dire des situations auxquelles le voyageur est confronté dans ces pays (à l'hôtel, au restaurant, chez le médecin etc.) lorsqu'il voyage, ces situations n'existant plus en Bretagne, cette langue n'étant plus la langue vernaculaire d'une communauté. En revanche, on peut donner des exemples de conversations typiques entre bretonnants, dialogues qui permettront aux lecteurs d'avoir une initiation à la langue et qui leur donnera peut-être envie d'approfondir leurs acquis. Sous le texte breton, on trouvera une traduction littérale.

Conversation 1[1].

-Salud deoc'h, mat ar jeu?
Salut à vous, ça va?
+Ya, mat eo, ganeoc'h-c'hwi ivez?
Oui, ça va, avec vous ausi?
-N'eus ket da glemm, derc'hel da vont, gwelet em oa ho
Il n'y a pas à se plaindre, ça continue à aller, j'ai vu votre
preur dec'h, pa oan e ti Julien o prenañ sistr.
frère hier lorsque j'étais chez Julien pour acheter du cidre.
+Deut eo du-mañ gant e wreg da zebriñ ar sizhun paseet.
Il est venu chez moi avec sa femme pour manger la semaine passée.
-Me soñj din ez ay a-benn arc'hoazh da Roazhon.
Je crois qu'il ira demain pour Rennes.

Conversation 2[2].

- Eus pelec'h oc'h?
De où êtes-vous?
+Eus Landerne, me zo bet ganet e Landerne, eus Sibiril oa
De Landerneau, je suis été né à Landerneau, de Sibiril était
ma zad avat, ha ma mamm eus Gwiseni. Ha c'hwi?
mon père, et ma mère de Guissény. Et vous?

---

[1] En KLT. moyen,

[2] En KLT. moyen.

-Me zo bet ganet e Kastell-Paol hag on bet desavet e Brest,
Je suis été né à Saint-Pol-de-Léon et élevé à Brest,
ne oa labour ken e Kastell-Paol.
il n'y avait de travail plus à Saint-Pol-de-Léon.

Ha ma zud a zo bet ganet an daou anezhe e Rosko.
Et mes parents sont été nés les deux d'entre eux à Roscoff.

Conversation. 3[1].
-Aet on skuizh avat!
Allé je suis fatigué mais
+Perak?, petra zo c'hoarvezet ganit?
Pourquoi?, quoi est passé avec toi?
-Aet omp da besketa, da deir eur diouzh ar beure, tapet
allés nous sommes pêcher, trois heures du matin, attrapé *hon eus brizhili e-leizh. Gwerzhet mat int bet.*
nous avons maquereaux beaucoup. vendus bien ils sont été
+Pelec'h oc'h bet o pesketa?
Où avez-vous été pêcher?
-N'omp ket aet gwall bell, un tammig
Nous ne sommes pas allé mauvais [= très] loin, un peu plus
pelloc'h evit Ploumanac'h. Amzer gaer hon eus bet.
loin que Ploumanac'h. Beau temps nous avons eu.

Conversations 4[2].
-Petra vo graet a-benn arc'hoazh?
Que sera fait demain?
+A-benn arc'hoazh e vo ret demp monet da Wened da
Demain il sera nécessaire à nous aller à Vannes pour
werhiñ an annoar, ne ouezan ket ha kaer e vo an amzer,
vendre la génisse, je ne sais pas si beau sera le temps

kaer pe fall eo berr an argant ganemp, ema ret
beau ou mauvais est court l'argent avec nous, nécessaire *monet d'he gwerzhiñ.*
est aller la vendre.

---

1 En KLT. moyen.

2 En dialecte du Sud-est.

-Ema ret dis soñjal preniñ amanenn, bara ha gwin ivez,
Est nécessaire à toi penser acheter beurre, pain et vin aussi,
n'eus ket mui.
il n'y en a plus.

Conversation 5[1]**.**
-Dec'h am eus gwelet Fañch er gêr.
Hier j'ai vu François à la maison.

+Ha ya?, setu marse dek miz ne'm eus ket eñ gwelet, me a
Et oui, voici peut-être dix mois je n'ai pas lui vu, je
soñj din a-c'houde eured e c'hoar, emen ema-eñ
pense à moi depuis le mariage sa sœur, où est-il
bremañ?.
maintenant?
-Ema en Alre dalbezh, é labourat e Sant-Goustan. Ema é
Il est à Auray toujours, à travailler à Saint-Goustan. Il est à
soñjal monet da Deiz da zerc'hel tachenn e dad, a-benn
penser aller à Theix pour tenir ferme son père, dès
tuchant e vo e retred.
bientôt sera en retraite.
+Ne ouezen ket e oa-eñ ken kozh.
Je ne savais pas était il si vieux.

Conversations 6[2]**.**
-A-beban e tez?
D'où viens tu?
+Me zo-me a vBranderion, ganet ha savet er
Je suis de Branderion, engendré et élevé dans cette
barrez-se. Ha te?
paroisse. Et toi?
+Me zo a vBegnan, ma zud oa a vMoreag, met
Je suis de Bignan, mes parents étaient de Moréac, mais *ganet on bet e Begnen. Tost eo an div*
engendré je suis été à Bignan ; Proches est les deux

---

[1] En dialecte du sud-est.
[2] En dialecte du sud-est.

barrez, n'eus ket deg kilometr etreze int daou.
paroisses, il n'y a pas dix kilomètres entre elles deux.
-Ya, gwir eo, brasoc'h eo Begnen ur seurt,
Oui, c'est vrai, plus grand est Bignan tout de même,
tostoc'h eo da Logunezh.
plus proche est de Locminé.

Conversations 7.
-Hopala Alan, pelec'h e oas, setu pell zo ne'm eus ket
Eh là, Alain, où étais-tu, il y a longtemps que je n'ai pas
gwelet ac'hanout?
vu de toi ?
+Me am boa ambarket war vag Salaün, aet
J'avais embarqué sur le bateau de Salaün, allé
omp un teir sizhunvezh bennak en Irland. Ur beskerezh
sommes trois semainées en Irlande. Une pêche
vat hon eus bet, ha fall e oa an amzer avat!
bonne nous avons eu, et mauvais était le temps mais!
Biskoazh kement all! E-pad an teir sizhunvezh a-bezh
Jamais autant! Durant les trois semainées complètes
eo bet dirollet an amzer.
est été démontée la mer.
Gwerzhet mat eo bet ar pesked forzh penaos, a-benn ar
Vendu bien a été le poisson n'importe comment, d'ici la
sizhun all ez in en-dro gant Salaün d'ober ar
semaine prochaine j'irai à nouveau avec Salaün faire la
beskerezh du-hont, ha te, petra nevez ganit?
la pêche là-bas, et toi, quoi de neuf avec toi?
-Pas kalz a draoù, bet on d'ober ligistri
Pas beaucoup de choses, été je suis à faire des homards
war-zu Konk evel boaz, war ziminuiñ a ra avat.
vers Concarneau comme d'habitude, ça diminue mais.

Quelques phrases types utiles :
-Salud deoc'h, salud dit, devezh mat deoc'h, devezh mat dit.
bonjour (à vous, à toi)
-Mont a ra ?, penaos emañ ho kont ? Mat an traoù ganit / ganit ?
comment allez-vous?

-Penaos emañ ho yec'hed?
Comment va votre santé?
-Brav eo an amzer hiziv.
Il fait beau aujourd'hui.
-Emañ ar glav o tont.
Il va pleuvoir.
-Deut eo en-dro an amzer-gaer.
Le beau temps est revenu.
-Amzer ho peus d'evañ un dra bennak?
Avez-vous le temps de boire quelque chose?
-Petra fell deoc'h?
Que voulez-vous?
-Petra ho po?
Que prendrez-vous?
-Sec'hed ho peus, naon ho peus?
Avez-vous soif, avez-vous faim?
-Me ne'm eus ket sec'hed.
Je n'ai pas soif.
-Me ne'm eus ket naon.
Je n'ai pas faim.
-Me am bo ur banne dour / gwin / sistr gant plijadur.
Je prendrais avec plaisir un verre d'eau / de vin / de cidre.
-Pelec'h emañ an hent evit mont da ?
Où est la route pour aller à ?
-Trugarez deoc'h, mersi deoc'h.
Je vous remercie.

4 CULTURE

La littérature.

On trouvera ci-après un inventaire succinct de la littérature en langue bretonne que je subdivise de la façon suivante :

-La littérature en vieux-breton.
-La littérature en moyen-breton.
-La littérature en breton moderne :
    -La littérature orale ;
    -Le théâtre populaire ;
    -la littérature de dévotion ;
    -La presse populaire ;
    -La littérature du mouvement breton ;

La littérature en vieux-breton.

Il est quelque peu impropre de parler de « littérature » pour cette période, les textes étant trop peu nombreux.

Cette période commence vers le milieu du Ve siècle avec l'établissement des Bretons en Armorique. Les premiers documents en notre possession sont les noms propres que l'on trouve dans l'*Historia Francorum*, (Histoire des Francs), de Grégoire de Tours, écrite en 555. Ceux se trouvant dans les poèmes et les lettres de Sidoine Appolinaire, écrits vers la fin du Ve siècle, et ceux mentionnés dans la vie de saint Samson dont le texte le plus ancien est du début du VIIe siècle.

Les sources pour le vieux-breton commencent véritablement dès le VIIIe siècle, elles sont constituées de textes latins annotés en breton dans la marge ou entre les lignes. Le copiste, ou des lecteurs, notaient ainsi dans leur langue usuelle la traduction de mots dont ils ne saisissaient pas le sens en latin : ce sont des gloses.

La Bretagne fut envahie et occupée par les Normands de 914 à 935 environ, une grande partie des manuscrits furent détruits ; l'élite des clercs quittait leur monastère, ceux de Landevennec, Redon, Saint-Gildas, et allèrent dans la vallée de la Loire emportant les manuscrits restants. Une des conséquences des invasions normandes est qu'il ne reste aucun manuscrit antérieur au XIe siècle en Bretagne. Le corpus du vieux-breton est donc constitué de quelques milliers de mots épars dans quelques dizaines de manuscrits se situant dans les principales villes européennes. On les trouve à Angers, Berne, Cambridge, Leyde (fragment de deux feuillets d'un traité bilingue de médecine comprenant soixante-dix noms de plantes et de maladies), Munich, Orléans, Oxford, Paris, Saint-Omer, Vatican, Venise. Une bonne partie de ces manuscrits sont des *Collationes Canonum* (règles de vie monastique). Des trois vies de saint Tudual, datant du XIe siècle, une au moins est une adaptation latine d'un original vieux-breton.

La littérature en moyen-breton.

La période du moyen-breton commence au XIIe siècle, les premières attestations de cet état de la langue bretonne se trouvent, dans des cartulaires et des chartes. On trouve des textes suivis à partir du XIVe siècle. On trouvera ci-après un inventaire des principaux textes de cette période. On constate que la plupart des textes imprimés ne nous sont connus que par un seul exemplaire et que l'on a la trace d'ouvrages édités dont aucun exemplaire n'a survécu.
Le moyen-breton est un état de langue relativement unifiée, ce qui ne signifie nullement que les différences dialectales n'existaient pas à l'époque. Cela signifie qu'une langue poétique pouvait servir de langue véhiculaire[1], comme cela se passe actuellement chez les Chleuh du Maroc où des populations parlant des dialectes différents communiquent entre elles au moyen d'une langue poétique utilisée par les poètes et chanteurs ambulants.
Les textes en vers sont construits selon une métrique particulière : la rime interne. La règle la plus fréquente est de faire rimer l'avant dernière syllabe du vers avec la quatrième syllabe lorsqu'il a huit pieds. Dans le cas d'un vers de dix pieds, l'avant dernière syllabe rime avec la quatrième.et la septième syllabe (voire la sixième) du vers. Examinons ici un extrait

---

[1] La principale polémique à propos du moyen-breton est de savoir si cet état de langue est un standard ecclésiastique ou un véhiculaire. Dans la mesure ou la plupart de ces textes sont des pièces de théâtre avec des visées nettement missionnaires, il faut bien admettre que l'on donnait des représentations pour être compris. Ce qui, bien sûr, n'exclut nullement une certaine préciosité.

caractéristique du *Mirouer de la mort*[1] vers 3309-3314 : les syllabes qui riment sont en gras :

En leuenez oar lahez pan vezhont,
*Gant joaou **mat** do **grat** ez **ebathont** :*
*Doe à **meulhont** pan **guelhont** ho **bontez***
*Ancouffnez **oll** oar vn **stroll** ho **holl** poan*
*Hodeues quet **gouzaffet** en **bet** man :*
*Araint **breman** **noman** **han** **bihanez**.*

c'est-à-dire: - - - a - - a - a b
- - - c - c- - c b
- - - b - - b - b a
- - - d - - d - d e
- - - f - - f - f e
- - - e - -e- - e a

« Quand ils seront là-haut dans le bonheur,
Avec de bonnes joies à leur gré ils s'ébattront ;
Ils loueront Dieu quand ils verront leur sort heureux,
Oublier entièrement à la fois toute leur peine
Qu'ils ont soufferte en ce monde,
Ils le feront maintenant, là, et la misère ».

-*Le breton d'Ivonet Omnes* , de 1350 environ, il est constitué de sept fragments qui se trouvent dans un manuscrit du *Speculum historiale* de Vincent de Beauvais.
-*An dialog etre Arzur roe d'an Bretouned ha Guynglaff*, (« Dialogue entre Arthur, roi des Bretons et Gwinklañ »), ce texte nous est connu par une copie qu'en fit Dom Le Pelletier[2].
-*Credo*, extrait d'un mystère français de 1456.
-Les dix vers bretons de *La farce de maître Pathelin* (vers 921-930), pièce composée en français vers 1464.

---

[1] *Le mirouer de la mort*, édition de Émile Ernault, Paris, Champion 1914.

[2] Ce religieux est né au Mans le 10-06-1663 et est mort à Landevennec le 23-11-1733. Il est l'auteur d'un dictionnaire breton publié en 1752.

-le *Catholicon*, dictionnaire breton-latin-français publié en 1499 (le plus ancien manuscrit de ce texte est de 1464) de Jean Lagadeuc[1].

-*La destruction de Jérusalem*, ce texte du XVe ou du XVIe siècle n'est connu que partiellement par les fragments qu'en copia Dom Le Pelletier. On en possède quelques 600 vers.

-*La vie de sainte Nonne*, pièce de théâtre de plus de 2000 vers. On compte quelque soixante et onze personnages, les faits rapportés s'échelonnent sur plusieurs dizaines d'années. La pièce est du XVe ou du XVIe siècle et n'a été publiée qu'en 1887. C'est un texte fort intéressant dans lequel apparaissent quelques personnages célèbres du monde celtique : saint Patrick, saint Gildas, saint Divi, Merlin. Au début de la pièce Dieu révèle que dans trente ans naîtra saint Divi. Sainte Nonne, jeune fille se préparant à la vie religieuse, est violée par le roi Keritic. Le fruit de ce viol sera saint Divi, ce qui est contraire, selon les idées de l'époque, à la nature, voyons les vers 409-410:

An mab bihan a diouganat
Furmet a enep stat natur.

« C'est l'enfant qui a été prédit,
Formé contrairement à l'ordre de la nature ».

Un des aspect les plus remarquable de ce texte est qu'il est manifestement destiné, en grande partie à évangéliser le public, à lui enseigner les rudiments du catholicisme. Ce qui prouve l'état élémentaire de la christianisation au XVIe siècle[2], les catéchismes étant extrêmement rares. Ainsi le sermon de saint Gildas (vers 542-661) évoque les rudiments du catholicisme tels le péché, la pénitence, la charité, les sacrements. De même le baptême de

---

1 On sait très peu de choses de cet auteur, il est né dans la commune de Plougonven, probablement était-il prêtre du diocèse de Tréguier.

2 Sur le problème de la christianisation de la Bretagne et de l'ignorance des fidèles, on peut lire Alain Croix *La Bretagne aux 16e et 17e siècles. La vie, la mort, la foi.* Maloine, Paris 1980-1981, Alain Croix *Cultures et religion en Bretagne aux 16e et 17 siècles.* Apogée, Rennes, 1995.

saint Divi (vers 916-982) est l'occasion d'expliquer aux spectateurs le pourquoi du baptême et ce qu'il représente.

-Le Donoet, début XVIe, fragments d'une grammaire latine écrite en moyen-breton.

-*Le mirouer de la mort,* long poème de plus de 3500 vers composé en 1519 par Iehan an Archer Coz et édité en 1575. Il n'existe qu'un seul exemplaire de cette publication. Le texte est constitué d'une longue méditation sur la mort.

-La *Passion* et la *Ressurection*, édité à Paris en 1530. Il n'existe qu'un seul exemplaire de ce texte de quelques 4700 vers. Cette pièce de théâtre raconte la passion et la résurrection de Jésus-Christ.

-Trois poèmes édités à la suite de la pièce précédente dans le même volume : *Tremenuan an ytron Maria, Pemzec leuenez Marie, Buhez mab den* (« Le trépas de Madame Marie, Les quinzes joies de Marie, La vie de l'homme ») et totalisant quelques 1100 vers.

-*Buhez santes Barba* « vie de sainte Barbe », pièce de quelque 4900 vers dont on connaît deux éditions, l'une de 1557 (un exemplaire connu) et l'autre de 1647 (un seul exemplaire connu également). Le texte raconte la conversion de sainte Barbe au christianisme et les tortures qu'on lui fait subir pour tenter de la faire abjurer.

-*Heuryou brezonek ha latin*, (« Livre d'heures en breton et en latin »), Paris 1570, par Gilles Keranpuil de Bigodou[1].

-*Catechism hac Instruction ecvit an Catholicquet*, (« Catéchisme et instruction pour les catholiques »), Paris, 1576, traduction bretonne par Gilles Keranpuil de Bigodou d'un catéchisme latin écrit par le jésuite Canisius.

-*Aman ez dezraov bvhez an itron sanctes Cathell gverhes ha merzeres* , (« Ici commence la vie de madame sainte Catherine, vierge et martyre »), texte imprimé en 1576 à Cuburien. Le thème est que le même que pour la vie de sainte Barbe.

-*An buhez sant Gwenolé abat*, (« Vie de saint Gẁenole, abbé »), ce texte de quelque 1200 vers nous est connu grâce à une copie effectuée par Dom Le Pelletier au XVIIIe siècle à partir

---

[1] Prêtre né à Plouguer vers 1530, mort à Rennes le 29-09-1578. Il fut recteur de Cledenn-Poher puis de Motreff et de Treogan.

d'un texte, aujourd'hui perdu de 1580 et d'un autre de 1608 également perdu. Cette pièce de théâtre met en scène saint Gwenole, fondateur de l'abbaye de Landevennec, et son neveu Gradlon, roi d'Is. Saint Gwenole exhorte Is et ses habitants au repentir sous peine de destruction de la ville.

-*Confessional*, par Euzen Gueguen[1], Nantes 1612.

-*An mirouer a Gonfession*, (« Le miroir de la confession »), Morlaix 1621, traduit par Tanguy Gueguen[2] d'un ouvrage en français d'Emery de Bonis.

-*Doctrin an Christenien*, (« La doctrine des Chrétiens »), Morlaix 1622. C'est la traduction bretonne par Tanguy Gueguen d'un ouvrage en français lui-même traduit de l'espagnol : *Doctrina Christina* écrit par le père jésuite Diego de Ledesma.

-*Buhez Sant Evzen* (« Vie de saint Evzen »), Morlaix 1623, par Tanguy Gueguen.

-*Les amours du vieillard*, est une petite comédie dont on ne connait que quelques extraits recopiés par Dom Le Pelletier à partir d'un ouvrage imprimé à Morlaix en 1647. La langue est manifestement plus ancienne bien que n'étant plus déjà du moyen-breton classique. Le sujet est l'histoire d'un vieil homme de quatre-vingt ans qui désire épouser une jeune fille de seize ans. On en possède quelque trois cent vers. Le thème, on le voit, est trivial, et c'est pourquoi Dom Le Pelletier n'en fit qu'une copie partielle.

-*Doctrinal ar Christienen*, (« Le doctrinaire des chrétiens »), Morlaix 1680.

-*An nouelou ancien ha devot,* (« Noëls anciens et dévots »), par Tanguy Gueguen. C'est un recueil de poèmes sur la nativité totalisant plus de 2500 vers.

---

[1] On ne sait rien sur cet auteur si ce n'est qu'il était prêtre du diocèse de Quimper, son ouvrage fut réédité en 1646.

[2] Ce prêtre est né dans le Léon en 1565 et est mort à Morlaix le 18-07-1632. Il était chanoine et organiste.

-*Tragedien sacr*, Brest, (« Tragédies sacrées »), 1651, par Dom Jean Cadec[1]. C'est un recueil de cinquante quatre quatrains[2].

La littérature en breton moderne.

La période du breton moderne commence avec la publication de *Canticou spirituel ha instructiounou evit disqui an hent da vont dar Barados* (« Cantiques spirituels et instructions pour apprendre le chemin qui mène au paradis »), par le père Julien Maunoir[3], Quimper-Corentin 1658, ce même auteur publia ensuite *Le sacré college de Iesus*, Quimper-Corentin 1659. Le moyen breton bien sûr n'a pas changé brusquement en cette année, mais l'écart entre la langue parlée et la langue écrite était devenu tel qu'on a jugé indispensable de changer de norme écrite. Le père Maunoir a consacré sa vie à l'évangélisation de la Basse-Bretagne dont la population n'avait qu'une connaissance élémentaire, voire nulle, de la doctrine catholique. Son ouvrage, *Le sacré college de Iesus*, est composé pour pouvoir permettre aux prêtres d'apprendre rapidement le breton et de pouvoir prêcher dans cette langue, il est donc légitime de penser qu'il a écrit son livre dans une langue moyenne susceptible d'être comprise par tous. C'est la première grammaire du breton. Sa réforme touche les points suivants :

-L'orthographe, les lettres ne se prononçant plus ne s'écrivent plus, *hezre, here* « octobre », *cazr, caer* « beau », *eff, en* « lui », etc.

-Les mutations consonantiques initiales sont écrites.

-La versification, les rimes internes sont abandonnées pour les rimes finales.

-Les formes archaïques sont abandonnées, ainsi la série des pronoms réfléchis qui est en moyen-breton : sg. 1 *me*

---

[1] Dom Jean Cadec, est né à Ploezal (Côtes d'Armor) à la fin du seizième siècle. Il n'a publié que ce texte.

[2] C'est le dernier texte utilisant le système des rimes internes.

[3] Le père Julien Maunoir était jésuite est né à Saint Georges-de-Reintembault le 01-10-1606 et est mort à Plevin le 28-01-1683. Il a effectué 439 missions en Basse-Bretagne en quarante-trois ans.

mem, 2 *ez em*, 3 *en em*, pl. 1 *on em*, 2 *hoz em*, 3 *ho em*, est remplacé par *en em* à toutes les personnes, etc.
Le moyen-breton est un standard véhiculaire à base de breton du nord. Dès 1658, on verra l'émergence de deux standards supra dialectaux, l'un pour les parlers du sud-est, le vannetais, l'autre pour les parlers centraux et nord-ouest, le léonard. Ces deux standards imperméables l'un à l'autre pour le simple lecteur.

La littérature orale.
C'est curieusement ce type de littérature, à la diffusion par définition restreinte et locale, qui est la plus connue, ou la moins méconnue, du public. La raison en est qu'elle a quitté le domaine de la stricte oralité qui a été le sien durant des siècles. Les contes sont diffusés sous forme de livres, sont traduits puis édités. Les chants sont également diffusés en originaux et sous forme de traductions et, surtout, les disques, les concerts et les radios les diffusent largement au-delà de la zone dans laquelle ils étaient autrefois confinés. Ce sont donc des textes qui sont, où qui ont été, collectés, dans les populations rurales de culture bretonne, et qui sont maintenant diffusés par des moyens modernes auprès de populations généralement urbaines et de culture française.
Cette diffusion de la culture orale par le support écrit n'est toutefois pas nouvelle, dès le milieu du XVIIe circulent en Bretagne des chansons populaires imprimées sur des feuilles volantes et diffusées lors de rassemblements tel que les marchés ou les pardons[1].

Les chants populaires.
Le nombre de pièces collectées depuis deux siècles est énorme, malheureusement la plus grande partie de ces fonds est restée inédite.
Principaux collecteurs de chants traditionnels.
-A. L. M. Ledan (1777-1855), une douzaine de pièces collectées dans le Finistère.

---

1 L'ouvrage de référence est le *Catalogue bibliographique de la chanson populaire bretonne sur feuilles volantes*, par Joseph Ollivier, Quimper 1942, il recense 1100 titres de chants.

-A. de Blois (1760-1852), une douzaine de pièces collectées dans la région de Quimper.
-E-B Guiton de Saint-Prix (1787-1869), une centaine de pièces.
-J-M de Penguern (1807-1843), plusieurs centaines de pièces[1].
-T. H. La Villemarqué (1815-1895), son celèbre recueil, le *Barzaz Breiz*, parut pour la première fois en 1839 (il y a quatre-vingt-dix pièces dans l'édition de 1867). Adulé et critiqué, il est certainement l'ouvrage qui a le plus contribué à diffuser la culture orale bretonne : il a suscité de nombreuses vocations d'écrivains et de collecteurs qui ont reconnu en lui leur initiateur.
Aucun devancier ni successeur de La Villemarqué n'a su tirer un tel parti de son propre travail, malgré parfois des collectes bien plus importantes parfois. Ceci pour différentes raisons, d'abord parce que l'idée ne leur en était pas venue. C'était des nobles qui faisaient de l'ethnographie en amateur, et d'autre part il n'y avait, en Bretagne aucune bibliothèque mettant à leur disposition des ouvrages leur permettant de rédiger des commentaires historiques comme le fit La Villemarqué. De plus La Villemarqué qui fit paraître son ouvrage à Paris s'adressait en premier lieu aux lettrés parisiens.
La Villemarqué a longtemps passé pour un faussaire[2], celui-ci ayant toujours refusé de communiquer ses sources et ses carnets d'enquêtes jusqu'à ce qu'un chercheur les découvrît et puisse prouver que ces chants avaient réellement été collectés et qu'avant de les publier, il les avait modifiés : par exemple en les vieillissant ou changeant les noms propres, et en les rendant plus épiques[3].
-F. Luzel (1821-1895), plusieurs centaines de pièces collectées dans le Trégor. C'est certainement la plus exceptionnelle

---

[1] Une partie de ce corpus a été édité dans la revue confidentielle *Gwerin* n° 4, 5, 6, l'autre partie par Dastum 1983, *Dastumad Penwern.*

[2] Dans son monumental ouvrage sur la Villemarqué, *Théodore-Claude-Henri Hersart de La Villemarqué (1815-1895) et le « Barzaz-Breiz » (1839-1845-1867)*, Francis Gourvil conclut que les chants édités ont été écrits par La Villemarqué.

[3] Donatien Laurent, *Aux sources du Barzaz Breiz*, 1989, Ar Mên, Douarnenez.

collection de chants populaires[1], il y a deux volumes de *gwerzioù*, chants historiques, légendaires, fantastiques, et deux volumes de *sonioù*, chansons d'amour, comiques, d'enfants etc.

-G. Milin (1822-1885), une centaine de pièces[2].

-A. Bourgeois (1824-1904), soixante-dix neuf pièces[3].

-L. Herrieu (1879-1953, quatre-vingt-dix sept pièces[4] collectées dans le Morbihan.

-J-L. Larbourlette (1878-1951), cent quarante pièces collectées dans le Morbihan[5].

-Y. Le Diberder (1887-1959), environ mille pièces collectées dans le Morbihan[6].

-E. Gilliouard (1894-1978), plusieurs centaines de pièces collectées dans le Morbihan[7].

-Dastum, auprès de cette association fondée en 1973 sont disposés des centaines d'heures d'enregistrements effectués par des amateurs.

Les contes populaires.

Cette littérature est restée, et restera, malheureusement en grande partie, très mal connue. La raison en est que si les collecteurs pouvaient, avant l'ère du magnétophone, facilement noter les paroles d'une chansons sous la dictée lorsque l'informateur chantait, ou même lui demander de réciter son texte lentement pour avoir le temps de l'écrire, il n'en était pas de même avec les contes. Le conte n'est pas un texte que l'informateur sait par cœur et qu'il récite : il sait bien entendu la trame du récit mais il

---

1 *Chants et chansons populaires de la Basse-Bretagne*, 1868-1890, Lorient.

2 Publiées dans la revue *Gwerin*, n° 1, 2, 3.

3 Publiées dans *Kanaouennoù pobl* par H. Le Menn et Abeozen, K.A.V., 1959.

4 Publiées dans *Gwerzenneu ha sonnenneu Bro Gwened*, 1911,1913,1930, Paris.

5 Inédites.

6 Inédites et déposées et dans des fonds inaccessibles.

7 Inédites.

le recrée à chaque fois, et il n'est guère possible de demander à un conteur de parler lentement. Si le conteur s'exprime normalement, l'enquêteur ne peut guère prendre que des notes, et si le conteur parle suffisamment lentement pour le transcripteur puisse tout noter, le conte perd de son émotion et son rythme. Les contes traditionnels ont disparu de la mémoire populaire pour la plupart avant la grande diffusion des magnétophones.
La plupart des collections de contes bretons ont été publiés en français, la plus extraordinaire d'entre elles est certainement *La légende de la mort chez les Armoricains bretons*, Anatole Le Bras, Paris, 1928.
Si le corpus de contes en breton en notre possession est bien représentatif des thèmes abordés et du type même de récits, la verve des conteurs, leur façon de soutenir l'attention des auditeurs nous est inconnue, les textes publiés ayant été réécrits par les enquêteurs. Les deux principales collections sont celle des collecteurs suivants :
-F. Luzel, *Kontadennoù ar bobl*, cinq volumes, Al Liamm, 1894, 1985, 1988, 1989, 1994. Ces contes collectés au siècle dernier étaient restés inédits, à quelques exceptions près, jusqu'à cette publication récente. Cette édition privilégie le récit proprement dit et les linguistes regretteront que l'orthographe ainsi que certaines tournures aient été standardisées.
-P-J. Helias, *Bugale Berlobi*, Brest, 1987, 1988.

Le théâtre populaire.
Le théâtre fut jusqu'à une date récente un spectacle fort prisé par les Bretons. On a vu plus haut que plusieurs pièces de théâtre furent écrites à l'époque du moyen-breton. Ce type de pièces se modifia et devint un théâtre populaire où les thèmes religieux dominent (il y a beaucoup de mystères) et plus rarement des thèmes profanes. La plupart des pièces datent du XVIIe et de la première moitié du XIXe siècle, c'est une littérature très dialectale : il y avait très peu de livres en breton à l'époque et les standards supra dialectaux, bien qu'existant, étaient très peu répandus. Les textes sont écrits dans des parlers locaux assez facilement localisables. Ce sont des pièces en vers, on sent bien que les auteurs n'ont que très rarement vu des livres en breton, s'ils en ont vus, les fausses-coupes, c'est-à-dire des mots mal séparés les uns des autres, abondent. Ce sont des pièces longues,

entre 1500 et 4000 vers comprenant parfois plusieurs dizaines de personnages et changeant fréquemment de lieu. Ces pièces sont d'un intérêt linguistique exceptionnel. Il existe quelque 250 pièces manuscrites qui attendent que des chercheurs veuillent bien s'y intéresser. Une dizaine d'entre elles seulement ont été publiées, ce sont des éditions très difficiles à trouver actuellement.
Les thèmes religieux abondent, et tout particulièrement les vies de saints, les vies de martyrs, ainsi par exemple la *Tragédie santes Julitte ha sant Cir hé mab* (« Tragédie de sainte Julitte et de son fils saint Cire »). Originaire de Laconie, la jeune Julitte et son fils se convertissent au christianisme. La jeune femme se fait connaître par quelques miracles spectaculaires, et le roi éprouve l'envie de l'épouser et de la voir retourner au paganisme. Refusant catégoriquement, la mère et l'enfant périssent dans d'horribles tourments. Ce schéma est à peu près le même pour tous les mystères.
Un des auteurs, et metteurs en scène les plus curieux fut certainement Job Coat (1789-1858). Né à Morlaix et ouvrier à la manufacture des tabacs de sa ville natale, il se prit de passion, jeune, pour les livres et le théâtre. Son fils disait qu'il avait écrit plus de trois cent pièces, seules vingt-trois pièces complètes ainsi que trois à l'état de fragments, nous sont parvenues. Les thèmes religieux abondent bien entendu, mais on y trouve aussi des pièces comiques: *An inconstanç doubl* (« La double inconstance »), *Plach ar pemp amourouz* (« La fille aux cinq amoureux »). Job Coat avait sa troupe permanente à Morlaix et jouait les dimanches, lundis et jeudis. Ce qui est extraordinaire, et qui montre bien la vivacité du théâtre populaire breton, est que Job Coat avait, dans Morlaix même et à la même époque un concurrent, Auguste Le Corre (1807-1866). Celui-ci avait lui aussi sa troupe permanente, sa production fut moins féconde que celle de Job Coat. Il est exceptionnel de connaître les noms des auteurs des pièces, elles sont la plupart du temps anonymes, seul le nom des copistes apparaît.
Nous avons un certain nombres de renseignements très intéressant sur le déroulement des représentations, des répétitions, et sur les acteurs. Hormis le cas de Morlaix, où les spectacles avaient lieu dans des salles, les pièces étaient représentées en plein air sur des estrades montées pour l'occasion

par des artisans de la paroisse. Une représentation était un événement et l'assistance pouvait atteindre trois mille personnes. La tradition était de faire des mises en scène longues, d'où des représentations qui s'échelonnaient sur deux ou trois soirées consécutives. Les femmes étaient généralement absentes des troupes de théâtre, celle de Job Coat était une exception, sur quinze acteurs, trois étaient des femmes. Ainsi que c'était le cas en français à l'époque, la récitation du texte s'apparentait plutôt à la psalmodie et à la déclamation chantée.

Au XXe siècle ce théâtre va faire place à un autre type de pièces écrites par des prêtres sur des thèmes marqués par la religion bien sûr, mais ce ne sont plus ni des mystères ni des pièces bibliques. Ces auteurs reprennent en fait la tradition théâtrale des siècles précédents; Ce sont des hommes qui sont influencés par le mouvement breton et qui s'efforcent d'écrire dans une langue plus châtiée que celle des mystères tout en restant populaire. Les représentations attiraient plusieurs milliers de spectateurs. Les deux plus grands auteurs sont Joseph Le Bayon (1876-1935) qui dirigeait une troupe à Bignan et Jean-Marie Perrot (1877-1943) qui adapta une grande partie du répertoire de Le Bayon en standard léonard. Ce sont bien souvent des comédies : Le Bayon, *Er Hemener* (« Le tailleur », 1906), *En Ozeganned* (« Les Korrigans », 1908), *Nolùen* (« Nolwenn » 1924) ; des pièces moralistes : *Jozon el lagoutér* (« Jozon l'alcoolique », 1904), *Pasion Gonéri* (« La passion de Gonéri », 1926) ; des grands drames religieux, *Ar hent en hadour* (« Sur les pas du semeur », 1913), *Boéh er goèd* (« La voix du sang », 1912) ; des pièces à caractères bretons, *Nikolazig*, (1909), *Bah sant Guénolé* (« Le bâton de saint Gwenole », 1904), J-M. Perrot, *Dragon sant Paol* (« Le dragon de saint Paul », 1907). Ces pièces sont publiées à l'époque dans des éditions populaires.

En cette fin de XXe siècle, le théâtre de langue bretonne existe toujours, l'essentiel du public est constitué de gens appartenant au mouvement breton. Nous aurons un aperçu de cette production dans le chapitre consacré à la littérature de ce mouvement.

Un statut particulier doit être attribué à Jean Conan[1]. Cet auteur, bien que n'ayant pas écrit de pièces de théâtre, écrivit en vers dans une langue identique à celle des mystères bretons, c'est-à-dire, une langue très dialectale. Il écrit dans le dialecte de la région de Guingamp et emprunte largement au français. Ce Breton s'étant passionné pour sa langue maternelle, il traduisit, entre autres, en vers bretons une vie de sainte Geneviève (*La inosans reconu a santes Jenovefa*), rédigea une vie de saint Yves (*Ar vue a Sant ar voan*) et surtout rédigea ses mémoires en 7054 vers, *Avanturio ar citoien Jean Conan*[2], racontant ses diverses campagnes à Terre-Neuve ainsi que les différentes batailles et guerres qui suivirent la révolution et auxquelles il prit part.

La littérature de dévotion.

Ce type de littérature est la seule qui a été lue par les masses bretonnantes, à ce titre elle demande un examen particulier. Il a paru entre deux cent cinquante et trois cent ouvrages de dévotion en langue bretonne, les rééditions abondent. Ce sont des Vies des Saints, des recueils de cantiques, des recueils de réflexions spirituelles etc. Un des principaux problèmes que pose l'existence de ces textes est de savoir à qui s'adressaient ces livres : certainement pas tous au même public, entre une Vie des Saints maintes fois rééditée et une traduction de saint François de Sales, il y a tout un monde. Le clergé abonde, il y a parfois jusqu'à six ou sept prêtres par paroisse et une grande partie de ces ouvrages de dévotion leur est d'abord destinée, pour leur vie spirituelle et pour leur travail apostolique, leur donnant matière à sermons[3]. Certains de ces ouvrages sont en revanche destinés

---

[1] Jean Conan, Sainte-Croix, 3-09-1765, Tredrez 18-12-1834.

[2] Éditées pour la première fois en leur intégralité par Skol Vreizh, Morlaix 1990.

[3] Comme par exemple *Predégeu brehonéc ar simbol en apostoled*, Diot, Guénéd, 1854 (« Sermons bretons sur les symboles des apôtres »); en page 4, l'auteur précise que *El livr-men e zou livr er Vèlean, ha raccé ne vou quet gùèrhet d'en dud ag er bobl na laqueit étré ou deourn*: « Ce livre est le livre des prêtres, et pour cette raison il ne sera pas vendu pas au gens du peuple ni mis entre leurs mains »).

aux paysans bretonnants, mais lesquels?, la plus grande partie de la population est constituée de journaliers, de domestiques de ferme, de mendiants et de petits paysans ne produisant que le nécessaire de leur propre subsistance, et travaillant généralement en plus chez des paysans aisés.

Ces ouvrages sont écrit en standard vannetais ou en standard léonard, c'est-à-dire respectivement dans une forme dialectale du sud-est et du nord-ouest sans qu'il soit possible de les localiser de façon plus précise. Les ouvrages écrits dans le dialecte central sont rares[1].

C'est une littérature de traduction pour la plupart des ouvrages. Le breton, pour des raisons évidentes n'a pas de vocabulaire adapté à ce type de texte, et d'autre part, les traducteurs, des prêtres ruraux qui s'adressaient à d'autres prêtres ruraux, n'avaient pas les connaissances linguistiques que requiert un tel travail de traduction. Aussi les emprunts au français abondent. Si les populations du XXe siècles sont, à peu près, gagnées à l'idée de l'égalité des langues, il n'en était pas de même aux siècles précédents. Le breton était véritablement vu comme une sous-langue, aussi les emprunts au français, langue plus prestigieuse que le breton pour le traducteur, avaient aussi cette fonction de donner un peu de brillance au texte. Il y a d'autre part chez le traducteur d'ouvrages religieux la peur constante de mal traduire les idées de l'auteur, d'être pris à partie par sa hiérarchie et d'être taxé d'hérésie. Le plus simple, et le moins dangereux, est donc de rester le plus près possible du texte original[2]. Vers la fin du XIXe siècle, le nombre de lecteurs augmente et les emprunts au français diminuent.

---

[1] Outre les ouvrages de Placide Guillermic (voir infra), on peut citer *Katekiz eskopti guéned evit bro Gourin hag ar Faouët* (« Catéchisme de l'évêché de Vannes pour Gourin et Le Faouët »), Guéned 1939; *Katekiz ar vugale vihan evid eskopti Zank-Briek ha Landreger* (« Catéchisme des petits enfants pour les évêchés de Saint-Brieuc et de Tréguier »), Zank-Briek 1911.

[2] On retrouve la même servilité, et souvent même plus grande, dans les traductions bretonnes des tracts révolutionnaires, où là, bien sûr le moindre écart pouvait être sévèrement puni.

Nous allons donner ici quelques extraits de cette littérature ; nous allons examiner tout d'abord un extrait de l'*Introduction à la vie dévote* de saint François de Sales. Nous verrons, en premier, un extrait de l'original en français. Nous trouverons ensuite ce même extrait dans la traduction qu'en fit Le Bris[1], en standard léonard, en 1710, *Introduction dar vuez devot*, puis ce même extrait dans la traduction qu'en fit Marion[2] en standard vannetais, *En or ag er vuhé devot*, et parue en 1838. Ceci nous permettra de voir comment ces deux traducteurs ont pu, chacun à sa façon, régler les problèmes inhérents au texte de saint François de Sales :

Texte original, troisième partie, chapitre trois, *De la patience* :
« Ne bornez point votre patience à telle ou telle sorte d'injures et d'afflictions, mais étendez-la universellement à toutes celles que Dieu vous enverra et permettra vous arriver. Il y en a qui ne

---

[1] Charles le Bris, Lanhouarneau, entre 1660 et 1665, Quimper, un peu avant 1737. Ce fut un auteur très prolixe, on lui doit quinze ouvrages de dévotion en breton. Voici entre autre: *Pedennou, hac instructionou christen evit servicha da heuriou brezonec e faver ar bopl*, Quimper 1698; (« Prières et instructions chrétiennes pour servir de livre d'heures bretonnes au peuple »); *Heuryou brezonec ha latin*, Quimper 1712 (« Livre d'heures bretonnes et latines »); *Preparationou d'ar maro, composet e gallec gant an tad Crasset jesuist, ha troet e brezonec hac augmentet eus a gantic ar maro hac eus ar seiz salm e guerziou, evit instrucion ar bopl*, St Paul 1722, (« Préparations à la mort composées en français par le père Crasset, jésuite, traduites en breton et augmentées d'un cantique sur la mort et de sept psaumes en vers pour instruire le peuple »).

[2] Jean Marion, Arradon 09-08-1759, Arradon 18-08-1824, sa carrière ecclésiastique se passa à Hoëdic où il était recteur. Il écrivit dix ouvrages de dévotion. Voici entre autres: *Voyage mistérius de Inis er Vertu*, Vannes 1760, (« Voyage mystérieux dans l'Ile de la Vertu »); *Magasin spirituel ar beureurion, er artisantet, er serviterion hac en dud diar er maezeu*, Vannes 1790, (« Le magasin spirituel des pauvres, des artisans, des serviteurs et des gens de la campagne »).

veulent souffrir sinon les tribulations qui sont honorables : comme par exemples d'être blessés à la guerre, »

Traduction de Le Bris :
Ne dleit quet en em gontanti da soufr gant patiantet certen injuriou hac afflictionou, mes quement seurt poan hac injur a bermeto Doue da erruout gueneoc'h a dleit da soufr gant ar memes patiantet. Beza ez eus ha ne fell dezo soufr nemet ar poaniou pere a so enorabl, evel ma zeo beza blesset er bresell,

Traduction littérale du texte de Le Bris :
« Vous ne devez pas vous contentez de souffrir avec patience certaines injures et afflictions, mais quelles que soient la douleur et l'insulte que permettra Dieu qu'il vous arrive, vous devez souffrir avec la même patience. Il y en a qui ne veulent souffrir que les douleurs honorables, comme d'être blessés à la guerre, »

Traduction de Marion :
Mæs nen dé quet assès pratiquein er batiantæt é certæn poénieu e zou hemb quin ; mæs pratiquet-hi é quement-tra e arrihuou guet-n-oh a berh Doué, pé e bermettou en Entru Doué arrihue guet-n-oh a hènt arall. Bout-zou hilleih á dud péré e zou coutant assès a souffrein er poénieu é péré é hès ur seblanticg benac a inour, èl mei bout blesset én ur hombat,

Traduction littérale du texte de Marion :
« Mais ce n'est pas assez de pratiquer la patience pour certaines douleurs seulement, pratiquez la quel que soit ce qui vous arrive de la part de Dieu, ou que permettra Dieu qu'il vous arrive. Il y a beaucoup de gens qui sont assez content de souffrir les douleurs qui ont un petit semblant d'honneur, comme d'être blessés dans un combat, »

Nous trouverons maintenant deux extraits d'une vie des saints, le premier de *Buez ar sænt* (« Vie des saints ») Marigo[1], Quimper

---

[1] Claude Marigo, Saint-Coulitz 20-09-1693, Quimper 20-02-1759, Il fut recteur de la paroisse de Beuzeg-Conq une vingtaine d'années. Il écrivit trois ouvrages de dévotion, outre cette Vie

1752. Cet ouvrage connut plus de vingt rééditions. Ce texte est en standard léonard.
Le deuxième extrait est tiré de *Buhé er sænt* («Vie des saints ») Crom[1], Bihan 1839 ; ce texte, en standard vannetais est une adaptation de l'ouvrage de Marigo. La comparaison de ces deux textes nous montrera, une fois de plus, que les différences entre les dialectes touchent essentiellement à la prononciation, et ne sont en aucun cas des oppositions de fond.

Texte de Marigo : extrait de la vie de s. Gwenole, 3 mars :
Evit renonç tre d'ar bed, ha gallout en em rei-oll da Zoue, en em rentas religius. Ebars er stad-se e lacaas he oll-studi da avanç bepret en hent eus ar berfection, ac en em rentas quen agreabl da Zoue ma ree miraclou bras meurbet dre ar feiz en devoa, ispicial e sin ar groas.

Traduction littérale :
« Pour renoncer au monde et pouvoir se donner entièrement à Dieu, il se fit religieux. Il étudia dans cet état afin d'avancer toujours dans la voie de la perfection, et se rendit tellement agréable à Dieu qu'il fit de grands miracles par sa foi, particulièrement par le signe de croix ».

Texte de Crom :
Aveit renoncein aquêrh d'er bed, ha guellet hum rein ol de Zoué, ean hum rantas menah. Ér stad nehué-cé, ean e laquas é ol studi d'avance perpet én hént ag er barfection, hac e zas de vout quen

---

des saints : *Imitation hor Salver Jesus-Christ*, Quimper 1756, (« Imitation de notre seigneur Jésus-Christ ») : *Abrege eus an aviel gant meditationou*, Quimper 1758 (« Abrégé de l'évangile avec méditations »).

[1] Jacques Le Crom, Noyal Pontivy 07-10-1799, Pluneret 19-12-1838, il était recteur de Pluneret et laissa inachevée à sa mort cette Vie des saints. Son travail fut terminé par François le Bihan, Noyal-Pontivy 25-12-1791, Pluneret 14-02-1864. Il était curé à Pluneret et reprit la charge de Jacques Le Crom lorsque celui-ci mourut.

agréable de Zoué, ma hroé miracleu ag ar re vrassan dré ar fé en doé, é special é sine er groéz.

Traduction littérale :
« Pour renoncer tout à fait au monde, et pouvoir se consacrer entièrement à Dieu, il se fit moine. Dans ce nouvel état, il étudia afin d'avancer toujours dans la voie de la perfection, et il devint tellement agréable à Dieu qu'il faisait des miracles, et parmi les plus grands, grâce à sa foi, particulièrement par le signe de la croix ».

Nous allons maintenant examiner un extrait d'un texte écrit dans le standard trégorrois qui fut très peu productif[1]. Il s'agit de *Explication an doctrin christen* (« Explication de la doctrine chrétienne »), Guillermic[2], Guingamp 1849.

Extrait p. 123 :
Mes evit coms scleroc'h hac eneur feçon muioc'h ententabl e laran penaus an oll œuvro se enem rapport oll d'an tri sort mân, d'ar iun, d'ar beden ha d'an aluson. Eur ïun exellant eo, dre exempl, sevel abretoc'h dious ar beure evit cad mui a amzer d'ober erfad ar bedenno : eur ïun eo meurbet agreabl da Doue chom heb dibrin nac efan

Traduction littérale:
« Mais pour parler plus clairement et d'une façon plus compréhensible, je dis comment les œuvres se rapportent à ces trois sortes là : au jeûne, à la prière, aux prières. C'est un jeûne excellent, par exemple, de se lever plus tôt le matin pour avoir

---

1 On note toutefois l'influence du standard léonard dans les ouvrages de l'auteur dont nous allons lire un extrait, par exemple, *buez, ezom, feiz*, ces *z* (>/ð/) n'existent pas dans les parlers du Trégor.

2 Placide Guillermic, Plounez 05-01-1788, Bégard 28-04-1873. Il passa les trente cinq dernières années de sa vie à Bégard dont il était le recteur. Il écrivit quatre ouvrages de dévotion qui sont tous des explications de la doctrine catholique. Ces quatre ouvrages sont en standard trégorrois.

plus de temps de bien faire ses prières : c'est un très bon jeûne, agréable à Dieu, de rester sans manger ni boire »

L'origine trégorroise de ce texte est mise en évidence par les principales caractéristiques suivantes :
-le vocabulaire : *beure* « matin », ailleurs *mintin* ; *agréabl* « agréable », emprunt au français caractéristique de la région.
-les pluriels en *-o* /o/ (ailleurs /u/, /ow/, /əw/).
-la non-mutation de /d/ (*da Doue*) alors qu'elle est faite partout ailleurs.
-les nom verbaux nasalisés en *-in* et *-an* représentant respectivement /ĩ/ et /ã/.

La presse populaire.
La littérature de dévotion que nous venons d'examiner déclina vers la fin du siècle dernier et fut progressivement remplacée par une presse populaire et catholique qui fut très vivante jusqu'à la dernière guerre. Une des causes de cette transformation est très certainement l'extension de la lecture et de nouveaux besoins des lecteurs liés à cette connaissance nouvelle.
La voie à ce nouveau type d'écrits a été ouverte par la revue *Lizeriou Breuriez ar feiz* (« Lettres de la confrérie de la foi ») qui commença à paraître en 1843 dans l'évêché de Quimper. C'était une traduction en standard léonard des *Annales de la propagation de la foi.* C'était au siècle dernier une revue entièrement en breton, depuis la dernière guerre la part du breton a fortement diminué. L'évêché de Vannes publia également à son tour une traduction, donc en standard vannetais, de ces *Annales* de 1845 à 1900 sous le titre *Liherieu brediah er fé.* L'évêché de Saint-Brieuc publia à son tour une traduction en dialecte du Trégor : *Keleio prezegerez ar fe* de 1865 à 1928. Le but de ces publications était de montrer le travail d'évangélisation effectué par les missionnaires dans les diverses parties du globe et de récolter des fonds. Ces revues sont donc des traductions bretonnes de divers comptes rendus de missionnaires en Afrique, Amérique, Extrême-Orient. Le chrétien du XIXe siècle est intimement convaincu de la supériorité de sa religion et de sa culture et l'Église donne là une image courageuse et dynamique d'elle-même en montrant la vie de missionnaires travaillant dans

des conditions parfois très difficiles. Les rapports de morts violentes sont très fréquents.
Les buts poursuivis montrent bien clairement que ces revues ne peuvent être des bulletins confidentiels. L'Église veut montrer une certaine image d'elle même et récolter des fonds, elle a donc besoin de toucher la masse de ses fidèles. De plus l'Église s'est très vite rendu compte que les idées nouvelles, telle l'athéisme, était véhiculées par la langue française et que favoriser la lecture du breton satisferait la soif de connaissance des lecteurs et les éloigneraient des publications de langue française jugées dangereuses par leur contenu.
Nous n'avons aucune information sur la diffusion de ces publications.
Les traducteurs, anonymes pour la plupart, sont très souvent gagnés aux idées bretonnistes, ce qui se traduit par une épuration du vocabulaire et par une standardisation de l'orthographe.
En 1865 fut fondé par l'abbé Léopold de Léseleuc, alors vicaire de Mgr Sergent évêque de Quimper, le premier hebdomadaire rédigé entièrement en breton : *Feiz ha Breiz* (« Foi et Bretagne »). Il était écrit en standard léonard. Dès le début le nombre d'abonnés fut de deux mille et il était tombé à huit cent en 1884 lorsque la revue cessa de paraître. Dès le début, la direction de cette publication fut confiée à l'abbé Goulven Morvan[1], auteur par ailleurs d'ouvrages de dévotion[2] et qui finit sa vie Père Abbé de l'abbaye de Timadeuc.
Dès le premier numéro on constate que la revue informe sur tout : informations religieuses, vie des saints de la semaine, poèmes, conseils médicaux, nouvelles du pays, dates des foires, cours des produits de la terre, de la viande, etc. Seul le chapitre de la politique est soigneusement évité.

---

[1] Goulven Morvan, Landerneau 12-12-1819, Timadeuc 16-01-1891.

[2] Entre autres *Miz Introun Varia ar rozera*, (« Mois de Marie du rosaire »), Kerangal, Quimper 1864; *Scol ar maro mad* (« École de la bonne mort »), Lefournier, Brest 1865; *Kenteliou hag istoriou a skuer vad* (« Leçons et histoires de bons exemples »), Lefournier/Salaün, Quimper/Brest 1889.

De 1876 à 1888 parut en Bretagne l'*Almanach de Léon et de Cornouaille*. Bien que son titre soit en français, cette publication comprenait des articles en breton et en français, elle avait pour but de propager les idées républicaines en Bretagne. Les tirages sont importants, au moins cinq mille exemplaires chaque année.

En 1880 fut fondé par Jean-François Hellégouët *Le Courrier du Finistère*, qui avait les sous-titres suivants *Kannad Arvor* (« Le messager d'Armor ») jusqu'en 1895 puis *Journal français-breton paraissant le samedi*. La revue fut publiée jusqu'en juin 1944. Le journal était légitimiste ; entre 1882 et 1884 la phrase suivante apparaissait : *Doue hag ar Roue* « Dieu et le roi ».

La langue bretonne n'y prendra une importance réelle qu'à partir de 1882. Dès cette date la une de la semaine sera écrite en breton.

La vie de cette revue est dominée par la présence de Corentin le Nours (Plomelin 19-4-1865, Brest 17-7-1925). Il travailla dans la revue de 1893 à 1925, il fut rédacteur en breton et administrateur durant toute sa carrière dans le journal puis cumula ces fonctions avec celles de directeur de 1914 à 1925. Cette revue tirait à 26 000 exemplaires toutes les semaines en 1918.

Cette même revue, *Le Courrier du Finistère*, publia de 1901 à 1943 un *Almanak ar Breizad* (« Almanach du Breton »). Cet almanach était rédigé entièrement en breton et se vendait à plusieurs dizaines de milliers d'exemplaires.

En 1893, le lexicographe et militant breton, François Vallée[1] commença à écrire toutes les semaines une chronique en breton dans l'hebdomadaire catholique *La Croix des Côtes du Nord*; En janvier 1898, cette chronique de vingt-six lignes devint un supplément d'une page puis de deux pages puis de quatre pages, intitulé *Kroaz ar Vretoned* qui vécut, avec divers problèmes et péripéties jusqu'en 1920. Le contenu de ce supplément à *La Croix des Côtes du Nord* était au début essentiellement religieux, vies des saints, traductions de prières etc. Rapidement François

---

[1] François Vallée (Plounevez 26-09-1860, Rennes 03-06-1949) est entre autre l'auteur de : *La langue bretonne en 40 leçons*, Prudhomme, Saint-Brieuc, 1909 (ce manuel fut pendant longtemps le seul existant); *Grand dictionnaire français-breton*, Rennes, Éditions Commerciales, 1931.

Vallée reçut parmi ces collaborateurs François Jaffrenou[1], Yves Le Moal[2] et Auguste Bocher[3] et, outre les articles religieux, on y trouvait des chroniques d'histoire, des conseils aux agriculteurs etc. En 1920, le tirage atteignait 4800 exemplaires.
En 1889, trois prêtres, le père Corentin, les chanoines Fleury et Le Duc se réunissaient pour lancer une nouvelle revue populaire bretonne. Ils décidèrent de reprendre le titre *Feiz ha Breiz*. Leurs objectifs étaient les suivants : - favoriser l'étude du français par le breton ; - diffuser des ouvrages et brochures en breton ; - encourager les études sur la langue bretonne. La revue de trente deux pages paraissait tous les deux mois.
En 1907, l'évêché décida de mensualiser la revue, d'une part parce que cela correspondait au désir des lecteurs et aussi parce que la hiérarchie voulait y inclure des articles de propagande de ses œuvres, notamment pour les missions. L'évêché se mit en quête d'un nouveau directeur, il fut trouvé en la personne de

---

1 François Jaffrenou (Carnoët 15-03-1879, Bergerac 23-03-1956) est l'auteur d'un nombre impressionnant d'ouvrages en breton parmi lesquels on peut citer : *An delen dir* (« La harpe d'acier »), Prudhomme, Saint-Brieuc 1900 ; *Pontkallek, pe buez kaër ha maro mad eun dujentil a Vreiz, bet dibennet e Naoned er bloavez 1720* (« Pontcallec, ou la belle vie et la belle mort d'un gentihomme de Bretagne décapité à Nantes en 1720 »), Derrien, Brest, 1903 ; *Eur wech e oa,...Envorennou yaouankiz* (« Il était une fois...Souvenirs de jeunesse »), Armorica, Brest 1944.

2 Yves Le Moal Coadout 09-02-1874, Coadout 14-02-1957), il est l'auteur de vingt-sept pièces de théâtre et d'un remarquable recueil de nouvelles *Pipi Gonto*, Prudhomme, Saint-Brieuc 1902.

3 François Louis Auguste Bocher, Duault 07-12-1878, Saint Servais 22-04-1944. Il publia un grand nombre d'articles dans les revues de l'époque ainsi qu'un recueil de poèmes *Bleuniou yaouankiz* (« Fleurs de jeunesse »), Lajat, Morlaix, 1909. Ses souvenirs de guerre publiés par épisodes dans *Kroaz ar Vretoned* furent rassemblées en un volume: *Notennoù Brezel* « Notes de guerre »), Hor Yezh, Saint Tonan, 1989).

l'abbé Cardinal[1], la revue tirait alors à 2500 exemplaires. En 1911, le direction de *Feiz ha Breiz* fut confiée à Jean-Marie Perrot[2], alors recteur de Saint-Vougay. En 1912 la revue compte sept mille lecteurs. Les sujets abordés sont très divers, outre les articles religieux, on y trouve des conseils aux agriculteurs, des conseils médicaux, des articles de propagande anti-alcoolique, des poèmes etc.

La dernière de ces revues populaires que l'on peut mentionner ici est *Dihunamb*. En 1905 deux jeunes Morbihanais, Loeiz Herrieu[3] et André Mellac[4] fondaient une revue mensuelle en

---

[1] François Cardinal, Guiclan 24-03-1859, Plougastell 01-06-1928). Il mourut recteur de Plougastell.

[2] Jean-Marie Perrot, Plouarzel 03-09-1877, Scrignac 12-12-1943). Il fut nommé à Saint-Vougay en 1904, en 1914 il fut nommé à Saint-Thégonnec, quelques mois plus tard il quittait sa paroisse pour être brancardier sur le front. En 1920 il fut nommé recteur de Plouguerneau, son adhésion aux idées bretonnes et son amitié avec des membres de *Breiz Atao* lui valurent d'être nommé recteur de Scrignac. Cette petite paroisse du centre de la Bretagne était connue pour impiété de ses habitants. Bien que n'ayant pas collaboré avec les Allemands, il fut exécuté par la résistance en 1943. Jean-Marie Perrot est l'auteur d'une Vie des Saints : *Buez ar zent, savet gant an aotrou Perrot, kure Sant Nouga, ha skeudennet gant an aotrou Guennec* (« Vie des saints, écrite par monsieur Perrot, recteur de Saint-Nouga et illustrée par monsieur Guennec »), Le Goaziou, Morlaix, 1911. Il a également écrit un grand nombre de pièces de théâtre, ce sont des textes originaux, ou des adaptations en standard léonard de pièces de l'auteur vannetais Le Bayon. Il y a également des pièces traduites du gallois.

[3] Loeiz Herrieu, Caudan 27-01-1879, Auray 22-05-1953. On lui doit une méthode de breton, des pièces de théâtre, un remarquable ouvrage de chansons collectées dans le Morbihan: *Chansons populaires du pays de Vannes*, Le Duc, Paris 1930; un recueil de nouvelles *De hortoz kreiznoz*, (« En attendant minuit »), *Dihunamb*, An Oriant, 1942 ; un recueil de poèmes *Dasson ur galon* (« Résonance d'un cœur »), An Oriant, 1957. Il a également consigné par écrit ses souvenirs de la guerre de 14-

dialecte vannetais. Cette revue parut jusqu'en 1944 avec une interruption de 1914 à 1921, le directeur ainsi que les principaux collaborateurs étant au front. Le contenu de cette revue est constitué de poèmes, nouvelles, conseils aux agriculteurs etc. . Elle tirait à trois mille exemplaires en 1907.
L'influence de *Dihunamb* (« Réveillons nous ») fut énorme, au point que l'on parle d'« École de *Dihunamb* ». On peut citer les écrivains suivants qui publièrent dans cette revue et qui accédèrent à la notoriété : Yann-Ber Kalloh[1], Joseph Le Bayon (voir supra), Pierre Le Goff[2], Yann Vari Heneu[3]. Certains collaborateurs de *Dihunamb* sont aussi auteurs d'ouvrages de dévotion tel Buléon[4] ou Oliero[5] ce qui montre bien que la revue

---

18: *Kamdro an ankeu* (« La ruse de la mort »), sans lieu ni nom, 1974.

4 André Mellac, Lorient 10-10-1870, Lorient 11-09-1936.

1 Yann-Ber Kalloh, Groix 24-07-1888, Urvilliers 10-04-1917. Ses remarquables poèmes publiés dans la revue furent rassemblés et pubiés sous le titre *Ar en deulin*,« À genoux » Dihunamb, An Oriant, 1935.

2 Pierre Le Goff, Baud 24-07-1860, Sainte Anne d'Auray 17-12-1941, ordonné prêtre en 1884, il fut professeur au petit séminaire de Saint-Anne d'Auray puis aumônier du lycée de Pontivy. On lui doit, entre autre, un recueil de proverbes vannetais *Proverbes bretons du Haut-Vannetais*, Lafolye, Vannes 1912, et une grammaire, *Grammaire bretonne du dialecte de Vannes*, Galles, Vannes 1902. Les séminaristes apprenaient le breton avec cet ouvrage.

3 Jean-Marie Heneu, Naizin 23-01-1868, Lanvedan 8-10-1929), ordonné prêtre en 1893. Cet écrivain très prolixe nous a laissé de nombreux ouvrages parmi lesquels on peut citer: *Bouratped an tiegeh* (« Le charme de la famille »), Dihunamb, An Oriant 1932 ; *Er Graal Santel* (« Le Saint Graal »), Dihunamb, An Oriant 1935 ; *Ribardenneu* (« Facéties »), Dihunamb, An Oriant 1939.

4 Joseph Buléon, Plouergad 12-09-1854, Vannes 31-10-1934. Il est l'auteur de la célèbre *Histoër Santél de ziskein er burhudeu en des groeit en Eutru Doué àr en doar* (« Histoire sainte pour

ne s'éloigne pas linguistiquement des lectures usuelles des bretonnants.

La littérature du mouvement breton.

S'il existe maintenant un fossé entre la littérature de langue bretonne et la masse des bretonnants, c'est un fait qui s'est développé après la dernière guerre. Les diverses revues populaires dont je viens de parler étaient animées par des gens attachés au breton, qui sentaient que la langue commençait à perdre du terrain et qui voyaient les locuteurs dévaloriser leur langue. Ils aspiraient, pour la plupart, à l'entrée de l'enseignement du breton dans les écoles. L'instruction religieuse en breton était la règle à l'époque, aussi pouvaient-ils s'adresser aux populations et tenter de faire passer leur message. Cette presse populaire faisait de gros efforts pour montrer une image moderne du breton. D'une part du fait du choix des thèmes abordés, en ne limitant pas les capacités d'enseignement du breton à l'instruction religieuse, en l'étendant à des sphères qui traditionnellement étaient réservées au français. D'autre part en s'efforçant de standardiser la langue, d'épurer le vocabulaire et d'introduire progressivement des nouveaux mots, et ce tout en s'efforçant d'être compris par la masse des bretonnants.

On peut citer deux précurseurs de la littérature bretonne moderne : Joachim Guillome[1] avec son très remarquable *Livr el labourer* (« Le livre du paysan »), Lamarzelle, Guénèd 1849, et Jean-Marie Le Joubioux[2] avec son recueil de poèmes *Doue ha mem bro* (« Dieu et mon pays ») Galles, Guénèd 1844. Ils sont précurseurs en ce sens qu'ils suivirent la voie ouverte par Le

---

étudier les merveilles que fit Dieu sur terre »), Galles,Vannes 1896.

5 Jean Oliero, Locmariaquer 01-07-1856, Sainte Anne d'Auray 19-04-1930), il est l'auteur de *En Avèl i*(« L'évangile »), Lafolye, Vannes 1913.

1 Joachim Guillome Malguenac 01-03-1797, Kergrist 05-10-1857. Il est également l'auteur d'une *Grammaire française-bretonne*, Galles, Vannes 1836.

2 Jean-Marie Le Joubioux Arz 02-02-1806, Vannes 03-03-1888, il était secrétaire de l'évêque de Vannes.

Gonidec en matière d'orthographe et de purisme lexical mais sans excès et restaient très proches de la langue populaire bien que sans aucune audience auprès des masses.

En 1925, un petit groupe de jeunes écrivains eut une démarche différente : s'adresser aux lettrés uniquement. Leur but était sensiblement les mêmes que ceux des animateurs des revues populaires. Mais ils pensaient qu'il fallait créer une langue littéraire, en étendant considérablement les thèmes abordés, notamment en proposant des traductions bretonnes de classiques de la littérature, Shakespeare, Tchekhov, Eschyle etc. Leur seconde démarche touchait à la standardisation du breton, c'est-à-dire en épurer le vocabulaire et remplacer bon nombre d'emprunts au français soit par des mots bretons anciens réactualisés soit en empruntant au gallois.

Une revue fut crée par Roparz Hemon, *Gwalarn* (« Nord-ouest »), qui parut de 1925 à 1944. Donc, dès 1925, les écrivains bretons eurent le choix entre deux attitudes face à la langue. L'une, pragmatique, partait de la langue populaire et tâchait petit à petit de l'élever et d'étendre son rayon d'action. L'autre démarche, plus élitiste, établissait dès le départ une rupture avec les locuteurs traditionnels en voulait créer une classe d'intellectuels bretonnants qui serait un exemple pour les masses.

Ce choix, pour l'écrivain, a disparu petit à petit après la dernière guerre, et quel que soit le type de langue produit, le breton écrit n'est plus lu par les masses bretonnantes. Des œuvres pourtant écrites dans un breton populaire comme *Emgann Kergidu* (« La bataille de Kergidu. ») de Lan Inizan (voir l'extrait dans le chapitre sur l'orthographe) ou *Bilzig* (« Bilzig ») de François Le Lay[1] ne sont plus lues que par des lecteurs se situant dans la mouvance du mouvement breton.

L'influence de *Gwalarn* fut considérable, au point que l'on parle d'École de *Gwalarn* et tout ce qui c'est fait depuis cette période en breton en dérive d'une façon ou d'une autre. On peut tout d'abord citer les écrivains suivants qui étaient des bretonnants de naissance :

---

[1] François le Lay, Loquirec 24-08-1859, Loquirec 25-05-1937. Son roman parut en 1925 chez Le Gwaziou à Quimper.

-Youenn Drezen[1] avec ses deux remarquables romans *Itron Varia Garmez* (« Notre-dame des Carmes »), Skrid ha Skeudenn, Rennes, 1941, et *Skol-Louarn Veig Trebern* (« L'école buissonnière de Veig Trebern »), Al Liamm, Brest, 1972, 1973, 1974.

-Abeozen[2] avec son roman *Hervelina Geraouell* (« Hervelina Geraouell ») , Skridoù Breizh, Brest 1943 ; ses souvenirs de guerre, *Dremm an ankou* (« Le visage de la mort »), Skridoù Breizh, Brest 1942 ; un recueil de nouvelles *Pic'hirin Kalagoañv* (« Le pèlerinage de novembre »), Al Liamm, Brest 1969 ; une anthologie de la poésie bretonne en deux volumes, *Barzhaz*, Mouladurioù Hor Yezh, Lesneven 1987, 1989.

-Jakez Riou[3] avec un recueil de nouvelles *Geotenn ar Werc'hez* (« L'herbe de la vierge »), Skrid ha Skeudenn, Brest, 1934 ; deux romans *Lizer an hini maro* (« La lettre du mort »), Emgleo S. Iltud, Brest 1925 ; *An ti satanazet* (« La maison hantée »), Skridoù Breizh, La Baule, 1944 ; des pièces de théâtre : *Gorsedd digor* (« L'assemblée du Gorsedd »), Ar C'hastell, Brest, 1928 ; *Nomenoe-oe*, Skrid ha Skeudenn, Brest 1941.

-Xavier Langleiz[4] avec sa pièce *An diou zremm* (« Les deux visages »), Gwalarn n° 54, et ses romans *Enez ar rod* (« L'île de la roue »), Balb, Rennes, 1949 ; *Tristan hag Izold* (« Tristan et Yseult ») Al Liamm, Brest 1958 ; *Romant ar roue Arzhur, Marzhin* (« Le roman du roi Arthur, merlin »), Al Liamm, Brest 1975.

---

[1] Youenn Drezen, Pont L'Abbé 14-09-1899, Lorient 16-02-1972. Il fit ses premières armes en publiant des traductions : Synge, Rothman, Potter, Aeskulos.

[2] Jean Éliés, Saint-Sauveur 22-02-1986, La Baule 03-06-1963. Cet écrivain se distingua également par la traduction des Mabinogion, un classique de la littérature du moyen-âge gallois, en 1925. Il a laissé également des manuels d'enseignement du gallois moderne et du moyen-gallois ainsi qu'une histoire de la littérature bretonne.

[3] Jakez Riou, Lothey 01-05-1899, Chateaubriant 14-01-1937.

[4] Xavier Langleiz, Sarzeau 27-04-1906, Rennes 14-06-1975.

-Frañsez Kervella[1], ses poèmes furent rassemblés dans *Barzhonegoù* (« Poèmes »), Al Liamm, Brest 1982; Ses mémoires furent édités dans deux ouvrages : *Dindan gouriz ar bed* (« Sous l'équateur »), Mouladurioù Hor Yezh, Lesneven 1985 ; *An ti e-traoñ ar c'hoad* (« La maison dans le bas du bois »), Mouladurioù Hor Yezh, Lesneven 1990.
Dès cette époque on remarque la présence d'écrivains néo-bretonnants, ils vont devenir de plus en plus nombreux et même en cette fin de siècle dominer les lettres bretonnes. Parmi les néo-bretonnants de l'École de *Gwalarn*, on peut noter :

-Roparz Hemon[2], dont l'existence fut entièrement consacrée à la langue bretonne. Il a laissé des romans : *An aotrou Bimbochet e Breiz* (« Monsieur Bimbochet en Bretagne »), Gwalarn, Brest 1927 ; *An ti a drizek siminal* (« La maison aux treize cheminées »), Al Liamm, Brest 1956 ; *An tri boulomig aour* (« Les trois petits bonhommes en or »), Al Liamm, Brest 1961 ; *Mari Vorgan* (« La sirène »), Al Liamm, Brest 1962 ; *Diamantoù Keroulaz* (« Les diamants de Keroulaz »), Al Liamm, Brest 1964 ; *Tangi Kerviler*, Al Liamm, Brest 1971 ; *Nenn Jeni*, Al Liamm, Brest 1974. On lui doit également des recueils de nouvelles : *Kleier eured* (« Les cloches de mariage »), Al liamm, Brest 1943 ; *War ribl an hent* (« Sur le bord de la route »), Al Liamm Brest 1971. Il a également écrit de la poésie, des pièces de théâtre, des essais et des traductions.

-Maodez Glanndour[3] qui publia des recueils de poèmes : *Imram*, Sterenn, Brest 1942, *Komzoù Bev* (« Paroles vivantes »), Skridoù Breizh, La Baule 1946 ; *Vijelez an deiz diwezhañ* (« Vigiles du dernier jour »), Al Liamm, Brest 1978 ; *Va levrig*

---

[1] Frañsez Kervella, Dirinon 31-01-1913, Lannion 10-02-1992.

[2] Roparz Hemon, Brest 18-11-1900, Dublin 29-06-1978. Outre des travaux littéraires, cet écrivain travailla sur la pédagogie du breton (dictionnaires, méthodes, grammaires) et effectua également un grand travail dans le domaine de la recherche en publiant une grammaire historique du breton, un dictionnaire historique du breton et des éditions commentées de textes moyens-bretons.

[3] Maodez Glanndour, Pontrieux 07-03-1909, Louannec 25-11-1986.

skeudennoù (« Mon petit livre d'images »), Al Liamm, Brest 1983.

-Tangi Malmanche[1], laissa des pièces de théâtre : *Marvaill an ene naonek* (« Conte de l'âme qui a faim »), Garnier, Chartres 1904 ; *Gurvan ar marc'hek estranjour* (« Gurvan le chevalier étranger »), Le Gwaziou, Quimper, 1923 ; *An Antekrist* (« L'Antechrist »), Al Liamm, Brest 1976 ; *Ar baganiz* (« Les païens »), Al Liamm, Brest 1976.

Parmi les écrivains n'ayant pas commencé leur carrière à l'époque de Gwalarn, on peut citer :

-Jarl Priel[2], avec trois volumes de souvenirs : *Va zammig buhez* (« Ma petite vie »), Al Liamm, Brest 1954 ; *Va buhez e Rusia* (« Ma vie en Russie »), Al Liamm, Brest 1955 ; *Amañ hag Ahont* (« Ici et là »), Al Liamm, Brest 1957. Il a également écrit un roman, *An teirgwern Pembroke* (« Le trois mâts Pembroke »), Al Liamm, Brest 1959.

Parmi les figures marquantes de la littérature bretonne contemporaine, on peut citer:

-Yeun ar Gow[3] avec son celèbre *E skeud tour bras S. Jermen* (« À l'ombre de la grande tour Saint-Germain »), Ar Skrev, La Baule 1955.

-Maria Prat[4] avec un recueil de nouvelles *Eun toullad kontadennou* (« Quelques contes »), Ar Skol Vrezoneg, Brest 1988 ; un grand nombre de pièces de théâtre parmi lesquels on peut citer *Ar barner er prizon* (« Le juge en prison ») ; *Tri bugel savet fall* (« Trois enfants mal élevés »), *Aliou an alvokad* (« Les conseils de l'avocat »), *Heritaj an tonton* (« L'héritage de l'oncle »), Ar Skol vrezoneg, Brest 1987-1994.

---

[1] Tangi Malmanche, Saint-Omer 07-09-1875, Paris 20-03-1953.

[2] Jarl Priel, Priel 23-04-1885, Marseille 19-08-1965. Cet écrivain vint sur le tard au breton. Il vécu une partie de sa vie à Paris, alors secrétaire de Charles Dullin, en Russie, où il était interprète. Il vécu aussi de traduction du russe.

[3] Yeun ar Gow, Pleiben 07-10-1897, Gouezec 22-02-1966.

[4] Maria Prat, Brelevenez 1906-.

-Yves Miossec[1] a écrit des souvenirs de voyages, *Eur veaj e Stadou-Unanet an Amerik* (« Un voyage aux États-Unis d'Amérique ») ; Studi 9, Rennes 1978 ; *O foeta bro er Hanada* (« Voyageant au Canada »), Studi 19, Rennes 1981. On lui doit aussi un roman *Lorh, kasoni ha poan* (« Fierté, haine, douleur »), Brud Nevez, Brest 1983.

-Ernest Le Barzig[2] : *Buhez ha faltazi* (« Vie et fantaisie »), Brud, Brest 1970 ; *Loeiz Lezongar*, Brud Nevez, Brest 1986 ; *Minna ha danavelloù all* (« Minna et autres nouvelles »), Mouladurioù Hor Yezh, Lesneven 1988.

-Per-Jakez Helias[3] est connu pour ses mémoires : *Marh ar lorh* (« Le cheval d'orgueil »), Plon 1986. Il est aussi l'auteur d'un grand nombre de pièces de théâtre parmi lesquelles on peut citer *An Isild a heul* (« La seconde Yseult »), Brud, Brest 1969 ; *Eun ano braz* (« un grand nom »), Ar Falz, Brest, 1953.

-Per Denez[4] publie des romans : *Diougan Gwenc'hlan* (« La prophétie de Gwenc'hlan »), Al Liamm, Brest 1979 ; *Glas evel daoulagad c'hlas na oant ket ma re* (« Bleu comme les yeux bleus que je n'avais pas »), Al Liamm, Brest 1979. Il écrit aussi des recueils de nouvelles : *Eus un amzer 'zo bet* (« D'un temps passé »), Mouladurioù hor Yezh, Lesneven 1992 ; *En tu all d'an douar ha d'an neñv* (« De l'autre côté de la terre et du ciel »), Mouladurioù Hor yezh, Lesneven 1993.

-Youenn Olier[5] écrit des romans, *Poanioù-spered an Tad Gwazdoue* (« Les soucis du Père Gwazdoue »), Imbourc'h, Rennes 1963 ; *E penn en hent* (« au bout de la route »), Imbourc'h, Rennes 1964 ; *Enez ar vertuz* (« L'île de la vertu »), Imbourc'h, Rennes, 1965, *Porzh an ifern* (« La cour de l'enfer »), Imbourc'h, Rennes 1982. Il a également publié des recueils de nouvelles, des essais, de la critique littéraire, des poèmes, des dictionnaires etc.

---

1 Yves Miossec, Guiclan 1907-.

2 Ernest Le Barzig, Caouennec 04-05-1917, Mur 01-12-1977.

3 Per-Jakez Helias, Pouldreuzic 1914, Quimper 1995.

4 Per Denez, Rennes 1921-.

5 Youenn Olier, Audierne 1923-.

-Erwan Evenou[1] a publié un roman *Nikolazig ar broioù tomm* (« Nicolas des pays chauds »), Mouladurioù Hor Yezh, Lesneven 1991.

-Yann Gerven à publié, entre autres, deux recueils de nouvelles : *Plac'hedigoù o ler rous* (« Des petites filles aux chaussettes rousses »), *Ifern yen ha merc'hed klouar* (« Enfer froid et filles chaudes »), Al liamm, Brest, 1995.

-Mikael Madeg[2] a publié des romans comme *Gweltaz an inizi* (« Gweltaz des îles »), Brud Nevez, Brest, et des recueils de nouvelles comme *Nozvez ar hig-ha-fars* (« La nuit du kig-ha-fars »), Brud Nevez, Brest, 1988 ; *Arvoriz*,(« Habitants de l'Armor »), Brud Nevez Brest 1991.

-Goulc'han Kervella[3] a publié un roman *Brezel ar rigadell* (« La guerre des pétoncles »), Al Liamm, Brest 1994, et des recueils de nouvelles, dont : *Lara*, Al Liamm, Brest 1989. Il dirige un troupe de théâtre très active et écrit lui-même des pièces comme *Kenavo my love*, Brud Nevez 1989.

Le déclin du breton.

On traitera ici d'une part du recul de la frontière linguistique entre breton et roman au fil des siècles, puis de la baisse du nombre de locuteurs. Le déclin du breton est maintenant tel qu'il n'est déjà plus une langue vernaculaire, ce depuis quelques dizaines d'années seulement. Cette disparition de communautés de langue bretonne implique *de facto* un déclin interne de la langue, On note en premier lieu une accélération de la dialectalisation puisque l'on ne parle plus, ou presque plus, breton avec d'autres personnes que celles de son entourage usuel. La majorité des bretonnants traditionnels qui sont encore en vie sont généralement des personnes en retraite, ce qui fait que le breton n'est plus une langue de travail. Les locuteurs en activité sont minoritaires et travaillent donc en français et du fait qu'ils sont peu nombreux dans leur classe d'âge, ils ont bien souvent un conjoint non-bretonnant ; il s'en suit donc un appauvrissement considérable du vocabulaire. Les locuteurs les plus âgés ont vécu une grande

---

1 Erwan Evennou, Alger 1940-.

2 Mikael Madeg, Courbevoie 1950-.

3 Goulc'han Kervella, Plouguerneau 1951-.

partie de leur vie lorsque le breton était une langue vernaculaire et, l'orque l'on est en présence de deux générations de bretonnants, on remarque une grande pénétration du français chez les plus jeunes, tant sur le plan phonétique, lexical que syntaxique. Les locuteurs se rendent rarement compte de ces différences. Les bretonnants traditionnels ont, pour la plupart d'entre eux, appris le breton avant le français, mais leur approche du savoir s'est toujours faite en français. La diminution progressive du nombre de locuteurs est donc parallèle à la pénétration du français en breton et à son appauvrissement lexical.

Le recul de la frontière linguistique.

. On verra sur la carte n° 5 comment la langue a reculé ces derniers siècles. Il faut signaler que cette notion de « frontière linguistique » n'a plus guère de sens aujourd'hui, elle signifiait autrefois que le breton était la langue vernaculaire des populations situées à l'ouest de cette ligne hormis quelques grands centres urbains où les deux langues, breton et français, avaient cours. À l'heure actuelle cette frontière est « enfoncée » et signifie seulement que l'on trouve encore des locuteurs natifs à l'ouest.

De la langue vernaculaire à la langue condamnée.

La cause la plus lointaine du déclin de la langue bretonne est l'adoption du français par les classes dirigeantes de l'État breton, ce dès le XIe siècle. Il n'y eu donc pas, comme en France, de cour prestigieuse, qui imposa sa langue.

Les enquêtes effectuées en 1830 démontrent, qu'en Basse-Bretagne, 70% de la population parle breton. Les grandes villes sont bilingues, le total des monolingues bretons s'élève à 80% des locuteurs, une grande partie de ces bretonnants sait lire et écrire le breton. Cette situation va perdurer jusqu'à la veille de la première guerre mondiale, à l'exception des villes dont la francisation s'est fortement accentuée. On évalue le nombre de locuteurs à 1 300 000 en 1914.

Si cette population avait transmis sa langue aux générations suivantes dans des conditions de développement normales, cela ferait maintenant quelques quatre ou cinq millions de bretonnants : les langues vernaculaires ayant moins de cinq millions de locuteurs sont nombreuses : l'hébreu (4,6 millions), le norvégien (4,4 millions), l'albanais (2,5 millions), l'islandais (220 000) etc.

Après la Grande Guerre la mode de parler français aux enfants se répand. Dans certaines localités, elle est antérieure, à Belle-Ile-en-Mer, par exemple, le changement se produit vers 1880.

Pour l'heure on évalue le nombre de bretonnants, réguliers et occasionnels, à quelque 250 000 personnes, ce sont des personnes âgées. En dessous de cinquante ans, ils sont extrêmement rares. Ce qui veut dire que d'ici une trentaine d'années s'éteindront les derniers locuteurs du breton traditionnel, ils ne seront que quelques milliers, voire quelques centaines.

Les causes de ce déclin rapide sont connues, c'est une politique délibérée de l'État français de vouloir créer l'unité linguistique de la France. En 1925 le Ministre de l'Instruction Publique déclarait que « pour l'unité linguistique de la France, la langue bretonne doit disparaître ! » Les enseignants eurent donc des consignes très strictes : de ne jamais utiliser la langue traditionnelle avec des enfants qui étaient monolingues bretons.

La pratique du « symbole » fut très courante. Elle consistait à mettre en place un système de délation réciproque parmi les enfants : l'instituteur remettait un objet quelconque au premier enfant qu'il entendait parler breton, à charge de celui-ci de le remettre à un autre écolier qu'il entendrait parler dans la langue interdite et ainsi de suite. Le soir l'instituteur récupérait l'objet et punissait son dernier possesseur. Les personnes ayant vécu ces humiliations ont pris individuellement la décision d'élever leurs enfants en français. Cela n'était dans leur esprit ni un refus du breton ni un désir de tenir leurs enfants à l'écart de cette langue, mais simplement une espèce d'astuce personnelle pour donner plus d'aisance à leurs enfants en classe. Tout le monde ayant eu la même idée, à peu près, au même moment, cela a signifié la mort de la langue à terme.

La tendance des populations à adopter les habitudes langagières des élites dirigeantes est largement accentuée en Bretagne du fait que l'État français est très centralisé, et c'est donc avec un accord total de la population que ce changement de langue s'est effectué.

Les dialectes.

Généralités.

Nous n'étudierons dans ce chapitre que les grandes lignes de la dialectologie bretonne.

La dialectologie bretonne est un domaine tout particulièrement intéressant et anime bon nombre de conversations entre bretonnants. Les locuteurs du breton traditionnel vivent généralement cette dialectalisation, le fait de ne pouvoir communiquer avec tous les bretonnants en breton, comme un fait dégradant pour leur langue. Le fait est que les différences entre les zones dialectales (elles seront définies plus loin) sont grandes. Mais ce problème est accentué par le fait que les bretonnants n'ont pas reçu d'éducation en breton et n'ont donc qu'une connaissance orale de leur langue. Le fait d'être une langue dialectalisée n'est en aucun cas un fait propre au breton, le français lui même a été une langue fortement morcelée et c'est la diffusion d'un standard unique par le biais de l'enseignement qui a crée cette unité que nous constatons et qui est un fait récent. Les différences dialectales de l'anglais, de l'allemand et de l'italien sont également très marquées. Mais ces locuteurs ont reçu une instruction dans un standard commun qui permet l'intercompréhension. Et même s'ils perdent la pratique du standard commun parce qu'ils vivent à la campagne, par exemple, l'instruction, même sommaire, qu'ils ont reçu, leur permet de converser sans trop de difficultés avec des dialectophones d'autres régions. Il en serait de même en Bretagne s'il y avait eu une éducation en breton.

Ces différences dialectales perturbent les locuteurs et très nombreux sont ceux qui pensent que l'on parle en Bretagne des langues différentes que l'on regroupe sous l'appellation commune de « breton ».

Si l'on se donne la peine de regarder les faits d'un peu plus près, on se rend compte qu'il s'agit de bien peu de choses : un bretonnant cultivé parlant le breton dialectal comprendra aisément un bretonnant cultivé originaire d'une autre zone dialectale que la sienne. Les variations de vocabulaires sont faibles, les différences de morphologie infimes. Ce qui opposent les dialectes sont des différences de traitement phonétique, c'est-à-dire, en voyant le problème sous l'angle historique, ce qui est le plus

commode, des sons, qui ont évolué de façon sensiblement différente suivant les régions.
L'usage veut que l'on parle de l'existence de quatre dialectes breton (voir la carte n° 1 en annexe), que l'on les dénomme par le nom des anciens évêchés bretons : Cornouaille, Léon, Tréguier, et Vannes. On regroupe généralement les dialectes des trois premiers évêchés cités sous le nom de KLT. (de leur nom en breton *Kernev, Leon, Treger*). Ce qui nous fait donc le cornouaillais, le léonard, le trégorrois et le vannetais. C'est une bonne approximation et nombreuses sont les cartes montrant ainsi les quatre zones dialectales bretonnes ainsi définies. Mais elle est peut-être un peu simpliste : les langues se soucient peu des frontières épiscopales, surtout que celles-ci ont été changées lors de la Révolution. Sur le terrain les faits se présentent de façon un peu plus délicate. Les différences de traitement phonétique dont je parlais plus haut sont progressives, on passe petit à petit d'une zone dialectale à l'autre, c'est ce qu'on appelle le dégradé linguistique observable dans toutes les langues dont les dialectes sont restés vivants.
Nous allons examiner quelques exemples de variations dialectales en breton, tout d'abord des variations d'ordre lexical, ensuite des variations d'ordre morphologique et pour terminer nous examinerons quelques évolutions phonétiques historiques qui sont, elles seules, de nature à créer l'incompréhension chez les bretonnants.

Variations lexicales en breton.
Elles sont faibles et n'affectent qu'une petite partie du vocabulaire. Examinons quelques mots, je ne mets que la forme écrite, il peut y avoir des variations de prononciation pour chaque mot. Prenons tout d'abord le nom de l'*oiseau*, nous trouvons les mots suivants : *evn, labous, pichon, pousin, yar, polok* (voir carte n° 2 en annexe). Le nom du *pantalon* offre aussi quelques variations intéressantes : *bragez, otoù, bragoù, lavreg, kulot, kulotoù* (voir la carte n° 3).
Le nom de la *pomme de terre* est *avaloù douar, patatez* ou *pato* .
Le nom du matin s'exprime en breton de deux façons *beure, mitin.* Pour certains mots le nombre de variantes est encore plus grand et elles s'imbriquent les unes dans les autres. Le nom de la

ferme par exemple, nous trouvons les mots suivants : *tiegezh, ferm, tachenn, bordaj, menaj, atant, mereuri, koumanant.*
Il convient de signaler que dans une commune, les locuteurs peuvent connaître plusieurs de ces synonymes bien que ne les utilisant pas tous régulièrement. D'autre part le déclin du nombre de locuteurs du breton s'accompagne aussi d'un appauvrissement de la langue et les connaissances lexicales des générations passées étaient plus grandes.

Variations morphologiques.
Elles sont très faibles et n'affectent en rien l'intercompréhension. Ces variations morphologiques sont en fait des archaïsmes, en voici quelques exemples. La notion d'*être* (verbe) est en breton *bezañ* (principales variantes : /beza/, /bea/, /beã/, /be/) ou *bout* (principales variantes /but/, /bu/, /bo/). La forme *bout* est un archaïsme, ce verbe est *bezoud, bout* en moyen-breton, *but, bot* en vieux-breton (*bod* en gallois et *bos* en cornique, où /t/ en finale absolue à évolué en /s/). Ce verbe se conjugue sur la base *bez-* et à partir de cette base on a reformé un nouveau nom verbal en y suffixant *-añ*, ce suffixe de nom verbal étant très répandu. Le verbe *bout, bezañ* est irrégulier en breton, et *bezañ* est un nom verbal régularisé sur le modèle des verbes réguliers. La forme *bout* est utilisée dans le Morbihan, le sud des Côtes d'Armor et la partie orientale du Finistère sud.
On peut noter également dans le domaine de la conjugaison des verbes les variations suivantes : la flexion de la première du pluriel au présent : /am/ (moyen-breton *-amp*) dans une grande partie du sud de la Bretagne. Dans les autres régions on utilise /õm/. Le /am/ n'est pas une variante de prononciation du /õm/, cela correspond à un autre type de flexion.
De même on peut remarquer la flexion de la deuxième personne du pluriel au présent en /ət/ dans une grande partie de la Bretagne (/it/ dans le nord-ouest). De même pour la troisième personne du pluriel au présent en /ãnt/ dans une grande partie du sud de la Bretagne (/õnt/ ailleurs). Ses trois flexions différentes ne peuvent être des variantes des formes retenues dans le breton standard, d'une part parce que lorsque des changement de voyelles ou de consonnes interviennent, toutes les mêmes voyelles et consonnes

dans la même position sont affectées de façon identique. De plus si l'accent tonique est sur la pénultième (avant-dernière syllabe) dans les parlers nord-ouest et centraux, il y a, en revanche, un accent de longueur sur la syllabe finale dans les parlers du sud-est. Si les syllabes post-toniques ont tendance à devenir atones, se n'est pas le cas des syllabes accentuées.

Évolutions phonétiques différentes.

C'est ce point seul qui véritablement met en difficulté des locuteurs parlant des dialectes trop éloignés géographiquement l'un de l'autre. Les principaux faits sujets à variations, et de nature à gêner considérablement les locuteurs, sont les suivants:

-l'évolution des spirantes interdentales, /ð/ et /θ/ historiques.

-la palatalisation de /k/ et /gw/.

-Le traitement de -/v/-historique.

-l'accent tonique, l'accent de longueur.

Le point le plus important est celui de l'évolution des spirantes dentales, il permet de définir les trois grandes zones dialectales (voir la carte n° 4 en annexe) :

-Le dialecte nord-ouest, correspondant à peu près à l'ancien évêché de Saint-Pol-de-Léon : /ð/ historique et /θ/ historique ont évolué en /z/.

-Le dialecte central, correspondant à peu près aux anciens évêchés de Quimper et de Tréguier : /ð/ historique a évolué en ø et /θ/ historique en /z/.

-Le dialecte sud-est, correspondant à peu près a l'ancien évêché de Vannes : /ð/ historique a évolué en ø et /θ/ historique en /x/ ou ø.

La palatalisation des /k/ et des /gw/ se fait dans le sud-est mais sur une aire nettement plus grande que celle de l'ancien évêché de Vannes.

Le -/v/ historique est traité de façon très variable :

-dans le dialecte du nord-ouest il se maintient.

-dans le dialecte central c'est généralement une semi-voyelle postérieure fermée arrondie : /w/ ; parfois il se maintient.

-dans le dialecte du sud-est il est généralement une semi-voyelle antérieure arrondie fermée : /ẃ/. Dans certains mots le -/v/- se conserve, dans d'autres il s'amuit complètement (ø).

Les dialectes nord-ouest et centraux ont un accent tonique sur la pénultième, ce qui occasionne fréquemment une modification de la syllabe post-tonique voire son amuïssement total. Le dialecte du sud-est a un accent de longueur sur la dernière syllabe, ce qui provoque une grande stabilité de la dernière syllabe et rend parfois neutre la syllabe placée avant l'accent.

Notons que le dialecte du sud-est est lui même assez morcelé et qu'à l'intérieur même de cette zone des locuteurs de certaines communes ont le plus grand mal à converser en breton avec des locuteurs d'autres communes. Ainsi dans les parlers de la régions d'Auray /eð/ historique et /e/, tous deux en position accentuée, deviennent /i/ ; /i/ en position accentuée devient /əj/.

Exemples.
Certains trouveront peut-être que les faits évoqués supra sont minimes et que c'est faire du localisme exagéré que de dire que cela empêche l'intercompréhension. Il n'en est rien, constatons seulement les difficultés de compréhension auxquelles nous sommes confrontés ; nous francophones natifs et instruits dans notre langue, lorsque nous parlons avec un paysan du Québec. Pourtant les différences entre le français de France et celui des ruraux québécois sont bien moindres que celles existant entre les différents dialectes bretons. De plus, ces détails variables d'un dialecte à l'autre peuvent affecter plusieurs mots dans une phrase. Si l'on ajoute à cela d'autres détails, qui en eux mêmes sont peu de choses, tel une variation lexicale, une variation morphologique, une variation syntaxique ou un suffixe de nom verbal différent, les locuteurs ne comprennent plus rien. Ce qui crée l'incompréhension entre des locuteurs du breton c'est l'accumulation de petits détails variant par rapport à leur parler.
Prenons par exemple la phrase suivante :
Me 'm eus ket gwelet anezhañ eizh deiz zo :
Prononciation moyenne du dialecte nord-ouest :
/me m øs ke 'gweled an'ezã ejz'de so/

Prononciation moyenne du dialecte central (sud) :
/m øs ke gwel nɛ̃ ejz de so/

Prononciation moyenne du dialecte sud-est :
/mø še jõ ǰẃiləd a-oudi ex dəẃe:x/

Nota : dans le dernier exemple on remarque une variation lexicale *a-c'houde* à la place de *abaoe* et une variation syntaxique, on n'utilise pas la préposition conjuguée *anezhañ* (qui signifie littéralement « de lui »), mais le pronom *eñ* (la préposition existe dans ce dialecte mais pas dans cet emploi).

autre exemple :
N'ouzon ket pelec'h emañ aet ar c'hi, marteze emañ e-barzh an ti :

prononciation moyenne KLT. :
/nuzonke plɛx mã ed arxi, mart'eze (matrɛz, mat'exe) ba-nti/.

prononciation vannetaise, région d'Auray :
/wijãčə men ma wej ərəj, marsi ma i-ntəj/.

Nota : le dialecte du sud-est utilise la terminaison /ã/ à la première personne du singulier au présent du verbe *gouzout* « savoir », cette flexion est celle des verbes réguliers. On utilise très rarement *pelec'h* dans cette région, le mot usuel est *emen*, la forme de localisation du verbe *bout* « être » sg. 3 présent est *ema* comme en moyen-breton et non *emañ* comme en KLT. . On utilise pas *marteze* mais *marse* ; /i/ en position accentuée a évolué en /əj/.
Ce ne sont là que des détails, mais leur accumulation fait que le parler de cette région est parfaitement incompréhensible des locuteurs des autres zones dialectales.

Le Mouvement Breton.
On appelle Mouvement Breton l'ensemble des diverses tendances qui formulent une revendication quelconque concernant le breton ou le Bretagne.

On ne parlera ici que du Mouvement Breton dans sa stratégie linguistique, c'est-à-dire ce qu'il désire obtenir, ce qu'il a déjà obtenu à propos du breton, et des implications linguistiques que supposent ces buts. Les autres questions dont traite le Mouvement Breton ne seront pas abordées ici.

Ce mouvement en faveur du breton commence au siècle dernier avec Le Gonidec (voir supra). Les buts sont alors essentiellement d'épurer la langue, de l'expurger d'un certain nombre de mots d'origine française, de réactualiser des mots bretons sortis de l'usage, d'en adapter du gallois, dont la production littéraire à l'époque est déjà brillante. L'autre but poursuivi par Le Gonidec et ses émules vise essentiellement à la standardisation du breton, ils la font en se basant sur le dialecte nord-ouest et en établissant des règles orthographiques. Si les auteurs d'ouvrages de dévotion adoptèrent petit à petit les principes orthographiques de Le Gonidec et se référèrent à son standard, ils restèrent réticents en grande partie à son purisme lexical. La scolarité obligatoire n'existant pas à l'époque, il n'y a donc aucune revendication pour propager l'enseignement de la langue traditionnelle. De plus le breton n'est pas à l'époque en déclin, c'est la langue vernaculaire de la Basse-Bretagne. Les buts de Le Gonidec sont donc de donner à une langue en pleine vigueur, mais méprisée, une littérature qu'elle n'a pas, et de créer un standard.

En 1870 fut préparée la première réclamation en faveur des langues minoritaires de France, ce document s'intitulait *Pétition pour les langues provinciales* et avait été rédigé par le comte de Charency, Gaidoz et Charles de Gaulle[1]. Ce document ne put être présenté au Corps législatif en raison de la guerre. Dans ce texte les signataires affirmaient l'impossibilité d'une éducation convenable et efficace dans une langue autre que les langues vernaculaires. Ils réclamaient donc d'abord l'autorisation pour les maîtres de professer dans la langue locale puis la création d'un examen en breton pour les maîtres. Depuis cette date ont abondé les réclamations et les pétitions en faveur de l'enseignement du breton.

---

1 Grand-oncle du premier président de la Ve république et poète de langue bretonne.

En cette fin des années quatre-vingt-dix l'essence même d'une telle revendication évidemment n'existe plus, pourtant la demande d'un enseignement en breton persiste et le gouvernement y répond en partie favorablement, ce qui est un fait nouveau. Pendant longtemps les Bretons ont été, dans leur ensemble, opposés à l'enseignement du breton et on assiste depuis une vingtaine d'années à un changement progressif d'attitude. En fait la position des populations bretonnes à l'égard du breton est inversement proportionnelle à sa pratique. Pendant longtemps les démarches personnelles vers la langue bretonne n'étaient que le fait de personnes ayant une formation supérieure, cet intérêt pour le breton touche maintenant toutes les classes de la population. Si les Bretons qui se donnent la peine d'apprendre le breton restent peu nombreux, le nombre de ceux qui disent regretter de ne pas le savoir augmente. Ce qui n'existait pas il y a quelques années où il était plutôt de bon ton d'afficher son mépris pour la langue des paysans. De plus l'évolution de la société et des mœurs s'est faite dans le sens d'une plus grande tolérance envers les idées des autres, sentiment qui fait que l'on signera volontiers une pétition pour demander des créations de postes de professeurs ou d'instituteurs de breton, mais que l'on n'enverra pas ses enfants apprendre le breton. Ces évolutions mènent à des situations tout à fait paradoxales comme ces signalisations bilingues en milieu urbain. Ainsi, par exemple, la grande surface *Rallye*, magasin aujourd'hui disparu, de Lanester qui avait étiqueté tous ses rayonnages en breton littéraire et en français. On peut aussi citer la médiathèque de Lorient où les panneaux d'orientation sont également en breton littéraire et en français.
Les militants œuvrent donc sur plusieurs plans pour que le breton devienne une langue à parité complète avec le français, avec les mêmes droits. On milite surtout donc pour que la signalisation des noms de lieux soit bilingue et pour développer l'apprentissage du breton en milieu scolaire. L'enseignement du breton tend donc à se développer : -dans les collèges et lycées, -dans des établissements « bilingue » où les enfants suivent la moitié de leur scolarité en breton et l'autre en français, -l'enseignement unilingue avec apprentissage progressif du français dès le CE2.

La signalisation bilingue.
Depuis une quinzaine d'années on assiste à la mise en place progressive de panneaux indicateurs « bretons » indiquant le nom des communes. Mettre un panneau avec le nom de la localité en « breton » semblerait indiquer que la forme officielle est « française ». Dans la plupart des cas, il n'en est rien et les formes données par les cartes sont bien bretonnes, mais elles sont transcrites avec des critères orthographiques qui n'ont plus cours, de plus elles représentent souvent des prononciations anciennes. Prenons par exemple la ville de *Quimper*. Cette graphie représente bien la prononciation locale /kimpɛr/ et le graphème *qu* représente /k/ comme cela se fait en français, ce phonème ne se transcrit *k*- en breton que depuis le XIXe siècle. Les critères orthographiques du breton moderne font écrire en breton le nom de cette ville *Kemper*, ce qui fait qu'à l'entrée de la ville nous avons les deux panneaux *Quimper-Kemper*, et de la même façon *Collorec-Koloreg*, *Cléguerec-Klegereg* etc. jusqu'au celèbre *Brest-Brest*. Ce genre de paires crée d'énormes confusions et de nombreuses personnes pensent que *Quimper* est du français et que *Kemper* est du breton. En fait dans la plupart des cas l'installation de cette signalisation en breton ne consiste qu'à standardiser orthographiquement des toponymes déjà bretons. On assiste parfois à la mise en place dans la signalisation de transcriptions de prononciation locale, ainsi *Cavan*, qui selon le standard généralement retenu serait **Kavan* est transcrit *Kawan*, car dans le dialecte central /v/ a évolué en /w/ ou ø, ou encore *Locronan* « lieu consacré à Saint Ronan » est transcrit *Lokorn*, du fait du fort accent tonique sur la pénultième la dernière syllabe disparaît dans la langue parlée. Pour de nombreuses personnes *Locronan* est du français et *Lokorn* du breton....
En fait l'installation de cette signalisation bretonne a une fonction symbolique, celle de représenter l'attachement des élus locaux à l'idée du breton et leur regret de son déclin, pour d'autres, elle symbolise la volonté de faire progresser le breton.

L'enseignement.
L'enseignement du breton a fait des progrès remarquables ces dernières années. Il est, à l'heure actuelle, enseigné à environ dix

mille élèves du secondaire en tant que Langue en Option ou en tant que Langue Vivante II.

Depuis quelques années se sont constituées en Bretagne, tant dans le public que dans le privé (mais les instituteurs de ces écoles privées étant payés par l'État, la distinction est presque inutile) des filières dites « bilingues ». c'est-à-dire des établissements où les enfants suivent la moitié de leur scolarité en français et l'autre en breton.

Les enseignants nommés sont donc supposés enseigner les matières d'éveil : histoire, géographie, sciences etc. en breton (*Bulletin Officiel* n° 16 du 20 avril 1995). Il est assez exceptionnel de voir dans ce texte officiel une telle méconnaissance de la situation du breton, qui n'est, nous l'avons vu, plus une langue vernaculaire et ne peut être, au mieux, que la langue des grands-parents des enfants.

La circulaire ministérielle soulève de nombreux problèmes qui, apparemment, échappent totalement aux auteurs des textes officiels. Nous avons vu que le breton était une langue en pleine mutation depuis quelques dizaines d'années aussi bien la langue traditionnelle que la langue littéraire. Les enseignants se trouvent donc devant les problèmes suivants :

-quel standard orthographique utiliser?.

-quel type de langue doit-on enseigner : le breton dialectal ou pas, et si oui lequel?, le parler de la commune ou une prononciation moyenne pour la région? Celui des derniers locuteurs submergés par le français ou celui des locuteurs monolingues d'avant la première guerre mondiale alors que le breton était véritablement une langue vivante? En breton littéraire? Mais si cela doit être le cas, lequel?, celui de la presse populaire d'avant guerre, celui de l'école de *Gwalarn* , celui de l'école de *Preder*?

-quelle terminologie utiliser? (voir la section suivante). Parler de sciences en breton, et ce même au niveau du primaire, ne va pas de soi. Donner comme consigne à un instituteur d'enseigner telle et telle matière en breton comme si s'était évident prouve une profonde méconnaissance de la situation de la langue.

Ce ne sont pas des points de détail, ce sont des problèmes de fond et la circulaire ministérielle indique une direction à suivre comme si le breton était une langue déjà constituée en tant que langue d'enseignement et de culture. Cette circulaire serait parfaite si le « bilinguisme » projeté visait le français et une autre langue de culture. Bien entendu les diverses chapelles bretonnes revendiquent toutes de détenir la vérité en matière de standards, de niveau de langue et de terminologie. En conséquence la situation de l'enseignement du breton est dans tout à fait étonnante : il est dispensé parfois en breton littéraire, parfois en breton dialectal, mais pas toujours celui correspondant à la zone dans laquelle se situe l'école : on ne trouve pas forcément un poste dans sa commune, ni même dans son département. Le manque d'homogénéisation est flagrant en matière de terminologie.

Bien souvent les enseignants travaillent dans des conditions difficiles, leur poste a été créé par la « dynamique militante » fréquemment contre l'avis de leur chef d'établissement. Ces directeurs d'écoles ont généralement les réactions typiques des Bretons de leur génération et de leur niveau culturel pour qui la disparition de la langue bretonne représente un progrès indéniable; La politique linguistique de l'État est parfaitement acceptée par les Bretons eux-mêmes.

Mais il ne semble pas souhaitable de demander à l'État des consignes sur ces problèmes. L'enseignement du breton a une base idéologique : faire progresser la langue bretonne. Or cette idéologie s'oppose fondamentalement à l'idéologie française, car l'existence même de l'État français a tenu à se fonder sur l'unité linguistique du pays, unité qui est sur le plan linguistique en passe d'être réalisée.

L'enseignement du breton et en breton ne correspond à aucune nécessite pratique puisque la langue vernaculaire de la Bretagne est le français. L'homogénéisation de l'enseignement serait certainement souhaitable, mais du point de vue de l'État elle s'oppose de manière trop évidente à ses efforts d'unification. La création d'une koïné bretonne s'oppose par essence à la politique culturelle de l'État car elle pose le breton en égal du français. Il faut signaler que les consignes verbales des Inspecteurs et des Conseillers Pédagogiques sont d'enseigner en dialecte local, ce qui a pour effet d'empêcher la création d'une koïné et va à l'encontre d'un enseignement conséquent et rationnel dans sa conception et son application.

Ces filières sont d'une portée symbolique réelle. Elles montrent l'intérêt des jeunes générations pour le breton, non pas pour la langue en tant que telle, mais en tant que symbolisant et concrétisant le « droit à la différence » ainsi que le droit à la conservation de la culture, idées très prisées de nos jours.

En matière d'enseignement, la réalisation la plus remarquable du mouvement breton est la création des écoles *Diwan* « germe ». Dans ces écoles, l'enseignement est entièrement dispensé en breton. L'apprentissage du français écrit commence dès le CE2. Le personnel de service parle également breton. La première de ces écoles ouvrit en 1977 à Ploudalmézeau, et ce sont maintenant quelque mille quatre cent enfants répartis dans vingt-six établissements qui suivent cette scolarité. La plupart de ces enfants sont issus de familles francophones, et leur première langue reste le français. Les écoles Diwan assuraient d'abord leur autofinancement, depuis 1986, une série d'accords successifs les lient à l'État. *Diwan* emploie cent vingt enseignants.

On constate, à propos de *Diwan*, deux évolutions particulièrement intéressantes et liées l'une à l'autre. En premier lieu l'extension des catégories de familles y envoyant leurs enfants. C'étaient les premières années des familles de militants. Mettre ses enfants dans ce type d'écoles consistait, d'abord un acte de rupture avec l'environnement tant la désapprobation sociale était grande. C'était, d'autre part, un engagement militant certain : les parents de chaque classe recherchaient et collectaient les fonds pour payer leur instituteur.

Maintenant, quelques vingt ans après, la plupart des parents d'élèves ne sont pas des militants. Ils font partie de catégories socioprofessionnelles où l'on se préoccupe de pédagogie et où l'on réfléchit sur la fonction de l'école. Ce sont des personnes informées des bienfaits du bilinguisme chez les enfants, et où l'on pense que les enfants seront plus épanouis dans des petites écoles comprenant des classes à effectifs réduits encadrés par des enseignants motivés. Une grande proportion des familles envoyant leurs enfants dans les écoles Diwan est constituée de gens qui annoncent qu'ils auraient bien aimé savoir le breton.

La deuxième évolution remarquable est l'attitude des populations. Il y a vingt ans, on traitait ces parents d'« apprentis sorciers ». Ces parents étaient vus comme des personnes qui entraînaient avec inconscience des enfants dans des élucubrations d'adultes sur les langues minoritaires. On s'interrogeait plutôt sur l'avenir de ces enfants. Les syndicats d'enseignants eux-mêmes déployaient une animosité certaine. Cette position, majoritaire il y a vingt ans, à maintenant quasiment disparue. Cette évolution du regard des populations sur le breton correspond certes à un gros travail de sensibilisation réalisé par les militants, mais il correspond aussi à une réflexion, et à l'adhésion, du corps enseignant sur le principe du bilinguisme *quel qu'il soit*. La pensée européenne moderne refuse de plus en plus l'uniformité vers laquelle elle se dirige. Cette évolution correspond bien à une tendance générale de la société et n'est en aucune façon dépendante de l'action seule des militants.

Les écoles *Diwan* ont effectué une réflexion sur les problèmes de fond soulevés ci-dessus, et, en fait, s'efforcent de se donner les moyens de leurs buts. Diwan fait de gros efforts dans le domaine de la terminologie et publie, à usage interne, des dictionnaires spécialisés. Certains leur reprochent d'enseigner dans un breton standard, d'autres d'enseigner dans un breton local. Le fait est que *Diwan* revendique d'enseignement en breton dialectal (article six de *La charte Diwan*). Mais le recrutement ne peut pas être local, et les titulaires peuvent changer d'affectation. Certains enseignants professent en breton dialectal, mais ce breton n'est local qu'en apparence. Leur phonétique est largement dépendante du français (voir la partie « Phonétique du néo-breton ») et le vocabulaire est celui du breton littéraire (donc avec de très nombreux néologismes et dérivations savantes) mais prononcé avec l'accent régional, le breton littéraire moderne n'est pas plus vivant lorsqu'il est prononcé de façon régionale. *Diwan* est très bien implanté en Ile-et-Vilaine (3 classes à Rennes) et en Loire-Atlantique (cinq classes à Saint-Nazaire et cinq classes à Nantes). Toutes les écoles utilisent le même standard graphique : le *peurunvan*.

On cite souvent comme modèle le cas de populations bilingues, voire même plurilingues. Le fait est que c'est un cas fréquent dans de nombreux pays, il s'agit de populations qui pratiquent en plus de leur langue vernaculaire (donc leur première langue) une ou d'autres langues avec d'autres populations qu'elles côtoient. Or, en Bretagne, la langue usuelle des sujets suivant une scolarité bilingue est le français et ils ne côtoient pas de population de langue vernaculaire bretonne puisqu'il n'y en a plus. Ces projets d'éducation ont donc un grand besoin d'aide et de personnes enthousiastes pour progresser.

Les écoles *Diwan* bénéficie d'un très large soutien populaire, même si le nombre d'enfants suivant cette scolarité reste faible en comparaison de celui qui suivent leur scolarité en français. Ces écoles assurent une fonction symbolique importante, elles rassurent les Bretons sur l'avenir de leur langue.

Le néo-breton.

Les linguistes appellent « néo-breton » la langue parlée et écrite dont se servent les néo-locuteurs. Cet état de langue est caractérisée (par rapport au breton traditionnel) par l'élimination d'un grand nombre d'emprunts français trop manifestes. Ces mots sont remplacés, soit par des mots sortis de l'usage, soit par des emprunts au gallois. Par ex. *a-gevred* remplace *assemblez, hemolc'hiñ* remplace *chaseal*, *dial* remplace *venjañs*. Ce purisme lexical provoque parfois des gallicismes. Voyons par exemple la notion de « commencer ». Le breton traditionnel ne connaît que *komañs* qui est un emprunt manifeste au français. Certains ont proposé *deraouiñ*, mot moyen-breton réactivé mais qui n'est à peu près pas utilisé. Les néo-bretonnants préfèrent utiliser le verbe *kregiñ,* autre emprunt moins évident au français, mais qui est courant en breton traditionnel. Les néo-bretonnants utilisent donc régulièrement des phrases du types *kregiñ a ran* « je commence ». Mais ce mot s'utilise de plusieurs façons en breton traditionnel : *kregiñ a ran* « j'accroche » (donc avec l'auxiliaire *ober* « faire ») ; *kroget em eus* « j'ai accroché » (avec les formes qui correspondent au verbe « avoir » français), *kroget on* « j'ai commencé « je commence » (lit. « je suis accroché », avec les formes qui correspondent au verbe « être » français). En fait en voulant éviter un mot français, et employer cette expression idiomatique, ils font un gallicisme, cette faute est extrêmement fréquente.

On peut donner un autre exemple caractéristique : le breton traditionnel utilise le mot *glas* pour représenter des couleurs que le français exprime par les mots *vert* et*bleu.* Le breton distingue les différents de *glas* en mettant un autre mot après : *glas-vor, glas-pers* « bleu » (lit. *glas + mer*, *glas + azur*) ; *glas-kaol,* glas-geot « vert » (lit. *glas + chou, glas + herbe*). Les néo-bretonnants ont modifié cette caractéristique culturelle en attribuant à *glas* ce que l'on appelle en français « bleu » et en attribuant à *gwer* ce qui est « vert » en français. Cette distinction

a cours naturellement dans l'enseignement du breton. *Gwer,* qui est un emprunt au français, est un mot largement attesté, mais avec un sens différent, c'est le nom du « verre ». On voit donc bien comment l'influence du français s'est produite : « verre » est homophone de « vert ». Les néo-bretonnants ont donc attribué le nom du « verre » à la couleur « verte ». On a donc là, d'une part, une influence directe, et aberrante, du français sur le néo-breton et surtout, une influence du mode de penser et de voir le monde. Le passage d'une couleur à l'autre se fait progressivement et l'analyse du spectre de la décomposition de la lumière blanche varie selon les cultures[1]. La caractéristique essentielle du néo-breton reste toutefois la phonétique : elle est entièrement dépendante du français (voir le chapitre « Phonétique du néo-breton en annexe).
Le néo-breton apparaît donc nettement comme une langue de contact, c'est-à-dire la fusion des parlers traditionnels breton avec une empreinte profonde du français, malgré le purisme lexical, et ce quelque soit le type de prononciation utilisée par les néo-bretonnants.

L'adaptation du breton.
L'innovation de l'enseignement en breton survenu ces dernières années impose *de facto* que l'on fasse tout un travail de création de mots pour pouvoir permettre de transmettre en breton certaines connaissances. À bien des égards l'attitude des militants bretons est identique à celle des militants sionistes qui œuvrèrent pour hébraïser les populations et adapter l'hébreu aux exigences de l'enseignement. Les buts sont les mêmes : faire changer de langue vernaculaire des populations. Tout comme en hébreu, le fond lexical du breton traditionnel est réduit et est inadapté aux

---

[1] Ce fait existe aussi entre le français et le russe. Le français *bleu* représente des teintes que le russe distingue par deux termes *синий* et *голубой*. Le français distingue entre les différents types de bleu en couplant le mot *bleu* à un autre mot (*bleu-clair, bleu foncé* etc.) mais cela reste fondamentalement du bleu alors que pour un russe il n'est pas possible de regrouper ces teintes sous un même terme.

besoins modernes. Dans la mesure où l'on crée un enseignement en breton, on est bien sûr obligé d'exprimer ces notions et besoins modernes en breton. On se trouve donc tenu de faire un choix, pour la terminologie : emprunt ou création interne (par dérivation ou réactualisation de mots obsolètes). La facilité reste évidemment l'emprunt au français, mais le nombre de mot à emprunter étant énorme, on court le risque d'une hybridation et d'une sabirisation extrême du breton[1] à court terme. L'emprunt au gallois n'a pas été beaucoup productif, bien qu'estimé. Le gallois jouit d'un grand prestige parmi les militants bretons, grâce à la grande richesse de sa littérature, ce qui en a fait une langue plus pure lexicalement que le breton, et surtout de par l'attachement profond des gallophones traditionnels à leur langue. L'emprunt au gallois nécessite toutefois de bien le connaître ainsi que d'avoir de bonnes connaissances philologiques que peu possèdent en Bretagne.

La création est en revanche plus recevable idéologiquement pour les militants bretons : il permet de poser la langue bretonne comme égale au français et indépendante de lui. Les militants occitans n'ont pas ce problème puisque les mots d'origine latine font partie de l'héritage occitan aussi bien que français.

Les débuts de l'enseignement en hébreu ont été quelque peu chaotiques, il y avait certes un consensus : enseigner en hébreu coûte que coûte. Mais il n'y avait aucun accord sur la terminologie moderne et chaque instituteur réglait lui-même les problèmes de vocabulaire qu'il rencontrait. Il a fallut la publication du dictionnaire de Ben Yehouda *Milon ha-lachon ha-ivrit ha-ychana v. ha-xadaçha*, Tel-Aviv / New-York, en seize volumes, et l'action d'un État, pour que l'on se mette d'accord sur la terminologie moderne à utiliser.

Le breton ne bénéficie pas de l'action d'un État pour promouvoir sa pratique et l'hésitation entre l'emprunt au français et la création interne est grande. L'emprunt, nous l'avons vu, est mal vécu, mais la création interne aussi. Le purisme linguistique effraie certains qui font le parallèle avec le purisme ethnique avec lequel ils ne veulent pas être confondus. Ces deux éléments ne vont pas

---

[1] Le problème était encore plus crucial en hébreu, où avec la langue de la Bible, on devait pouvoir tout exprimer.

forcément de pair : Israël est un pays ethniquement très disparate et la tendance est à la purification totale de la langue. C'est la seule langue du monde, rappelons le, où les jeunes ont spontanément donné des noms hébreux aux groupes de rock anglo-américains.

Il existe toutefois un degré de langue à peu près admis par tout le monde, c'est le breton des ouvrages littéraires, mais les besoins lexicaux du breton vont largement au-delà des capacités lexicales d'une langue littéraire.

Examinons un des nombreux problèmes auquel est confronté l'enseignement en breton. En premier lieu la numération, on a vu supra que le breton traditionnel utilise un système vicésimal (avec des traces d'un système décimal, tout comme le français utilise un système décimal avec des traces d'un système vicésimal). Ce système parfaitement adapté à une langue orale n'est pas applicable à l'enseignement des mathématiques. Il n'est pas applicable d'une part parce que l'on écrit les chiffres dans un système décimal et que cela suppose donc pour l'enfant ou l'étudiant de changer constamment de système lorsqu'il passe de l'oral à l'écrit ou vice-versa.

Prenons un exemple 157 (difficulté abordée en CE2), en breton traditionnel cela se dit *seitek ha seizh-ugent*, soit « dix-sept et sept vingt », ou encore *kant seizh hag hanter-kant* soit « cent sept et demi-cent ». L'autre caractéristique de la façon traditionnelle de compter en breton est que l'on met ce que l'on compte entre les unités et les vingtaines, donc « 42 hommes » se dit *daou zen ha daou-ugent* « deux hommes et deux vingts ». Imaginons maintenant le problème avec une fraction : ce que l'on compte est le dénominateur, on devra donc le mettre, en parlant, entre les unités et les dizaines du numérateur.

Prenons l'exemple suivant 4876/2387 (niveau CM2), en breton traditionnel cela se dit (je mets le numérateur, 4876, en minuscules, et le dénominateur, 2387, en majuscules) : *pevar mil eizh kant c'hwezek DAOU VIL TRI C'HANT SEIZHVEDENN HA PEVAR-UGENT ha tri-ugent* ; c'est-à-dire « quatre mille huit cent seize DEUX MILLE TROIS CENT SEPTIÈME ET QUATRE-VINGT et trois-vingt ». Comparons maintenant 39 000 et 9 030 (niveau CM2), en breton traditionnel cela fait respectivement *nav mil ha tregont* « neuf mille et trente » et *nav mil, tregont* « neuf mille, trente ». Ces quelques exemples nous

démontrent que l'enseignement des mathématiques en breton n'est pas possible en utilisant le système vicésimal traditionnel.
Signalons que le gaélique et le gallois ont également été confrontés à ce problème puisque dans ces pays on enseigne en gaélique et en gallois du jardin d'enfants à l'université. Ces problèmes ont été résolus par l'abandon du système vicésimal traditionnel et l'introduction du système décimal[1] (le vieil-irlandais et le vieux-gallois, tout comme le vieux-breton utilisaient un système décimal). Cela n'est d'ailleurs pas un hasard si les locuteurs du breton traditionnel comptent *tous* en français dès que ce qu'ils comptent dépasse quelques unités ou n'est pas un chiffre rond (trois cent, deux mille...). L'esquimau a été confronté à un problème analogue, son système traditionnel est quinaire (en base cinq) et basé sur les doigts et les orteils. Paul-Émile Victor signale que dans les années trente les monolingues groenlandais comptaient en danois, seul les nombres de *un* à *douze*, parfois jusqu'à *vingt* ont encore cours[2]. Le succès du système décimal tient au fait qu'il est simple et facilement standardisable. Signalons aussi que la Norvège changea par décret en 1951 de système de numération et que ce nouveau système a maintenant cours chez les jeunes.
Considérant cette inadéquation du breton à l'enseignement des mathématiques, certains ont donc proposé l'introduction du système décimal, et l'on dit les chiffres dans l'ordre décroissant en terminant par ce que l'on compte : les dizaines sont donc les suivantes[3] :

10 *dek*
20 *ugent*

---

[1] Voir pour le gallois moderne D. Brown, *Gramadeg Cymraeg Cyfoes*, Pontfaen 1976, pp. 20-24, et pour l'irlandais moderne *Graiméar Gaeilge na mBráithre Críostaí*, Baile Atha Cliath 1960, pp. 129-137.

[2] Voir Michael Fortescue, *West Greenlandic*, Croom Hem, London 1984, pp. 304-308.

[3] *Dek, ugent, tregont* existent en breton traditionnel, *pemont* est attesté en vieux-breton. Les autres formes ont été déduites d'après les formes attestées. Signalons que *tregont* et *pemont* prouvent qu'un système décimal a eu cours en breton.

30 *tregont*
40 *pergont*
50 *pemont*
60 *c'hwegont*
70 *seikont*
80 *eikont*
90 *naogont*

Cet exemple de la numération montre bien les problèmes terminologiques de fond auxquels est confronté l'enseignement en breton. Dès que l'on aborde l'enseignement des sciences exactes, de la géométrie et de l'algèbre au collège, on se trouve devant des centaines de notions à devoir exprimer et qui, bien sûr, n'existent pas en breton traditionnel. Ce problème existe également pour les divers exercices de l'esprit que le breton traditionnel exprime par *soñjal*, *soñj*, mais comment exprimer ne serait-ce que « méditer, cogiter, extrapoler »...?
Les militants bretons ont conscience du problème et travaillent à adapter le breton, des dictionnaires spécialisés sont publiés, mais on se retrouve alors devant le problème fondamental du breton, il n'est pas une langue officielle et aucun État n'impose de norme. Les mots nouveaux créés ne revêtent aucun caractère officiel et ne sont, en l'état, que des propositions que chacun est libre d'utiliser.
On voit que ce problème est nettement dissocié du purisme qui consiste essentiellement à supprimer des emprunts français et à les remplacer par des mots bretons. Le problème de la terminologie est bien, en revanche, de pouvoir exprimer en breton des notions que l'on n'a jamais exprimées dans cette langue. C'est plutôt en fait une attitude pragmatique, si l'on désire utiliser une langue pour un certain usage et qu'elle ne s'y prête pas, on doit l'adapter.
« Purisme » et « pragmatisme terminologique » se rejoignent toutefois lorsqu'il s'agit de faire des choix pour créer des néologismes. Certains recherchent dans le fonds ancien de la langue des racines susceptibles d'être réactivées. D'autres, en revanche, cherchent à exprimer ces notions que ne connaît pas le breton traditionnel avec des mots usuels chez les locuteurs natifs. Prenons quelques exemples dans le vocabulaire grammatical : « substantif », certains ont proposé *pennanv* (lit. « nom

considéré comme élément unique »), mais ce qui se répand, à l'heure actuelle, est *anv boutin*, c'est une traduction servile du français « nom commun » dont les grammairiens français ne se servent plus depuis déjà longtemps. Regardons maintenant « adjectif », proposition puriste *adanv* (lit. « re-nom »), proposition populiste *anv-gwan* (lit. « nom faible »), « infinitif » proposition puriste *or* (vieux-breton *or* « se mettre en mouvement », proposition populiste *amzer-verb* (lit. « temps-verbe »). Un excellent travail de néologie a été effectué par des gens travaillant autour de la revue *Preder*. Par excellent, j'entends des mots courts, donc facilement utilisables, précis et étymologiquement cohérents, et pour des querelles de chapelles, ces propositions ont été, en grande partie, rejetées. La néologie est un exercice difficile qui demande de solides connaissances en linguistique historique, que peu de professeurs / militants ont.
Ces deux attitudes caractéristiques des militants bretons, « purisme » et « pragmatisme terminologique » sont largement critiquées par certains, autre attitude bretonne caractéristique. Ces personnes ne considèrent que les mots ayant cours actuellement chez les locuteurs du breton traditionnel. C'est en fait une réaction tout autant passionnelle : essayer de conserver la langue de la société traditionnelle, tenter de faire persister dans une pérennité indéfinie la langue d'une société disparue. Tous *aiment* le breton, les uns veulent adapter la langue à la vie moderne, les autres veulent la conserver en l'état. Cette tendance conservatrice est largement minoritaire et la position « pragmatisme terminologique » gagne du terrain. On reproche donc à de nombreux militants bretons de se couper des racines populaires. C'est un fait indéniable, mais combien même un écrivain écrirait-il en un breton compréhensible par les locuteurs du breton traditionnel qu'il ne serait pas lu. La lecture en breton a été abandonnée après la dernière guerre. Un texte littéraire breton est certes difficile pour un locuteur natif, mais pas plus qu'une œuvre de Marcel Proust ou de Claude Simon ne l'est aux jeunes de certaines banlieues.

Perspectives d'avenir.

On aura compris à la lecture de ces quelques pages qu'il y a lieu d'être pessimiste quant à l'avenir du breton. Entre une pratique traditionnelle qui s'éteint, faute d'une transmission aux jeunes générations, et une pratique militante qui n'a que peu de partisans[1], le breton va vers une marginalisation complète. Parallèlement à cette baisse de la pratique, on remarque qu'une majorité de la population, sans pour autant opter pour le breton, vit mal cette extinction du breton et est favorable au bilinguisme. C'est ainsi que l'on la montée certaine des signes de *bilinguisme apparent :* signalisation bilingue, noms de maisons en breton, noms de bateaux en breton (alors qu'après la guerre les marins qui travaillaient en breton donnaient des noms français à leur bateaux), écoles bilingues où les enfants sont de langue maternelle française etc. Le breton progresse nettement en tant que langue enseignée et langue d'enseignement mais recule en tant que langue vernaculaire. En fait l'émergence du breton dans la vie publique et les signes extérieurs de sa reconnaissance officielle sont inversement proportionnels à sa pratique. Ils révèlent que les organismes officiels, les élus et leurs électeurs sont sensibles au déclin du breton qu'ils jugent comme faisant partie du patrimoine. Si les résultats obtenus par *Diwan* sont remarquables : quelques mille quatre cents enfants scolarisés en breton en 1996, il ne faut pas oublier qu'au même moment quatre cent mille autres enfants suivent une scolarité en français.

Il est très difficile de dire combien de personnes ont une pratique militante, c'est-à-dire volontaire et en dehors d'une pratique traditionnelle, du breton ; en comptant largement, on peut dire qu'il y a entre cinq et dix mille locuteurs. En fait, à moins d'une élévation significative[2] (c'est-à-dire de cent ou deux

---

[1] Il existe un effet secondaire pervers du militantisme qui est que : les militants, en œuvrant pour répandre leurs idées et pour récupérer des fonds, font croire, involontairement, qu'ils sont plus nombreux que dans la réalité. Des conversations avec des personnes étrangères à ce mouvement montrent bien qu'ils ressentent l'importance de ce mouvement en faveur du breton bien au delà de sa représentation réelle.

[2] Il est impossible de prévoir quel avenir à cette démarche vers le breton: la masse des locuteurs du breton traditionnel (largement surévaluée) exerce une fonction symbolique certaine et attire bon nombre de personnes. Ces locuteurs auront à peu près disparu dans trente ans.

cents fois plus importante) de la pratique militante du breton et du nombre d'enfants élevés en breton, on va vers une Basse-Bretagne entièrement francisée, de langue vernaculaire française, avec des groupes épars et restreints d'enthousiastes lisant, écrivant et vivant en breton.

5 ANNEXES

Les graphies traditionnelles.
L'orthographe du moyen-breton était fortement tributaire du français, les écrivains achoppaient sur le problème de transcrire les sons qui n'existent pas en français comme (pour plus de commodité nous ne notons pas les sons mais les phonèmes) /ð/ et /θ/ d'où les divers graphèmes *z, tz, zz, zh, s*. Le phonème /x/ était noté *ch* ou *h*. On n'écrivait qu'exceptionnellement les mutations consonantiques initiales (voir ce chapitre).
La période du breton moderne débute (voir la section Littérature en moyen-breton) en 1659 avec la publication de *Le Sacré collège de Iésus* du père Maunoir. Son innovation principale en matière d'orthographe fut la notation des mutations initiales.
C'est progressivement et à partir de cette époque que les graphies dialectales apparurent. Deux standards supra dialectaux émergèrent, l'un, le vannetais, diffusé dans l'évêché de Vannes, l'autre, le léonard, diffusé dans les évêchés de Saint-Pol-de-Léon, Quimper et Tréguier. Il y eu un standard trégorois mais il fut très peu productif. C'étaient des standards en ce sens qu'ils transcrivaient un dialecte moyen, sans particularismes locaux trop évidents. L'orthographe, en revanche, variait d'un auteur, d'un livre, d'une édition à l'autre.
Le Gonidec[1] publia en 1807 sa *Grammaire celto-bretonne* et en 1821 son *Dictionnaire celto-breton*, dans ces deux ouvrages l'auteur tenta de définir un standard et une régularité orthographique. Son orthographe était basée sur le dialecte nord-ouest et tous les systèmes actuels découlent des innovations qu'il apporta. De plus le purisme lexical qu'il préconisa fit largement école.
Les principales modifications qu'il apporta furent: de représenter le phonème /k/ par la lettre *k*, ce phonème était transcrit généralement par *c, q, qu*; de représenter le phonème /g/ par *g* (anciennement représenté par *g, gu*) ; de noter par *z* le phonème /z/ > /ð/ qui ne s'entend que dans le nord-ouest.
Les auteurs d'ouvrages de dévotions n'appliquèrent ces principes que très progressivement. Les auteurs bretonnistes, en revanche,

[1] Jean François Le Gonidec Le Conquet 04-09-1775, Paris 1838.

tel La Villemarqué, Le Joubioux, les appliquèrent en les adaptant à leur dialecte.

La Graphie Universitaire.

Cette graphie fut proposée en 1956 par le chanoine François Falc'hun. Les principaux traits en sont les suivants :

-le graphème *c'h,* en usage depuis le XVIIe, n'est utilisé que lorsqu'il est suivi de la semi-voyelle /w/, ex. *c'hoant, c'hwez* « désir, odeur ». La mutation de /k/ et de /g/ s'écrit *h*, ex. *ar hi, ar haz, e har* « le chien, le chat, sa jambe à lui ».

-on écrit la consonne sonore pour les noms verbaux, ex. *selled, gweled* « voir, regarder », mais on écrit la sourd aux adjectifs verbaux, ex. *sellet, gwelet* « vu, regardé ».

-on écrit la consonne sonore pour les substantifs (sauf dans les groupes *-nt, -ns, -nk* comme en *peurunvan*) et pour les adjectifs, ex. *mab, mad* « fils, bon ».

-on écrit la sonore pour les prépositions, ex. *gand, a-raog* « avec, avant ».

-on écrit *z* ce qui se prononce /z/ dans les parlers du nord-ouest et qui provient soit de /ð/ (>/d/) ou de /θ/ (>/t/), ex. *gouzoud* (vieux-breton *gudbot*, latin *uideo*) « savoir », *kaz* (vieux-cornique *cat*, gaulois *cattos*, latin *cattus*),« chat ».

-ce système étant basé sur le dialecte du nord-ouest, on écrit -v- ce qui se prononce -/v/- dans cette zone mais est un -/w/- ou un ø ailleurs.

La Graphie Universitaire à une variante, très peu près utilisée pour transcrire les textes vannetais.

L'*Etrerannyezhel.*

C'est François Morvannou qui proposa ce système graphique en 1975 avec la publication de la méthode *Assimil* en breton. Cette orthographe se veut interdialectale et se propose de transcrire à l'aide d'un même système toutes les variétés dialectales du breton. Certains graphèmes ont donc des valeurs phonétiques différentes suivant le dialecte transcrit, ou suivant le façon donc veut prononcer le lecteur. D'autres graphèmes différencient sont utilisés pour représenter des sons semblables mais ayant une étymologie différente.

Un travail philologique a, de plus, permis à François Morvannou de ne pas prendre certaines caractéristiques morphologiques des parlers du sud-est comme variantes de faits plus répandus.

Ce but est, on le voit, le même que celui qui est à l'origine du *peurunvan*. Le *peurunvan*, toutefois, avait fait, à l'intérieur de sa propre logique, certaines erreurs. L'*etrerannyezhel* propose en fait de parfaire ce précédent système, en corrigeant les erreurs manifestes et en y apportant quelques innovations :

-les *zh* fautifs du *peurunvan*, c'est-à-dire ne remontant pas à un /θ/ (>/t/) sont corrigés, ex. *peurunvan dezhañ*, *kouezhañ*, *kuzhat*, *etrerannyezhel dezañ* (vieux breton *dodom*), *kouezañ* (cornique *codhe*, gallois *cwyddo*), *kuzat* (gallois *cuddio*, vieux français *cuter*) « à lui, tomber, cacher ».

-les *zh* omis en *peurunvan*, alors que l'étymologie les réclamerait, sont bien notés *zh* ; ex. *peurunvan az* « à toi », *etrerannyezhel azh* (cornique, gallois '*th*).

-les -/v/- des parlers du nord-ouest qui sont transcrits -*v*- en *peurunvan* et en Graphie Universitaire (et qui sont prononcés -/w/)- ou ø dans le reste du domaine breton) sont transcrit -*w*-, ex. *peurunvan* / Graphie Universitaire : *avel, nevez, ivez*, en *etrerannyezhel* : *awel, newez, iwez.*

-le phonème /z/ (>/ð/, et qui donc ne se prononce que dans les parlers du nord-ouest est transcrit *z*, comme en *peurunvan* et en Graphie Universitaire. En revanche le phonème /z/ (>/s/), présent dans la plupart des parlers est transcrit *s*, ex. *peurunvan azezañ*, Graphie Universitaire *azeza*, *etrerannyezhel asezañ* (vieux-breton *assedam*, latin *sedere*), *peurunvan* / Graphie Universitaire *iliz*, *etrerannyezhel ilis* (vieux français *iglis*).

-on note *ss* le phonème /s/ qui, même suivi d'une voyelle, reste sourd : *doussenn, brassañ, kasset* « douzaine, plus grand, envoyé » (différent de -*s*, *mis* /mis/ « mois » (singulier), *misioù* /mizjo/ « mois » (pluriel).

-on note la consonne sonore pour certaines prépositions, ex. *heb, eneb, ewid*, « sans, contre, pour », mais *eus* « de ».

-on note la consonne sonore aux substantif verbaux, *selled, gweled.*

Exemples.
Pour illustrer ces propos sur les orthographes du breton, on trouvera ci-après un extrait *Emgann Kergidu* « La bataille de Kergidu », Brest, Quimper 1902[1], début du chapitre vingt-deux, de Lan Inisan[2], texte en dialecte du nord-ouest, Nous trouverons ensuite un extrait d'un auteur ayant écrit dans le dialecte du sud-est, une des questions primordiales étant, nous l'avons vu, de savoir s'il faut incorporer, et de quelle façon, les caractéristiques linguistiques de ce dialecte aux autres standards graphiques. Pour le dialecte du sud-est nous verrons un texte de Guillam er Borgn[3] édité dans *Obéreù en in-noz*, 1981, sans lieu ni numéro de pages. Nous aurons, dans l'ordre suivant, ces passages dans :
-l'orthographe originale,
-Le *peurunvan*,
-la Graphie Universitaire,
-l'*etrerannyezhel*:

Texte de Lan Inizan :
Texte original :
Eun dervez hag eun nozvez a ioa edomp e koat Kermenguy eb ober netra nemed diskuiza ha pura hon armou. An Aoutrou de Kerbalanek a iea hag a deue en hon touez, tenval he benn. Ne lavare ger ha ne gouiemp ket petra a ioa o tieza e spered, mez anat oa d'eomp ne d-ea ket an traou hervez he c'hiz. Nec'het oamp hon-unan o velet hor mestr glac'haret hag ankeniet.

---

[1] L'édition originale est de 1877 mais je cite d'après celle de 1902.

[2] Lan Inisan (Guincvez 23-11-1826, Guinevez 05-08-1891), Ce prêtre effectua son ministère à Guicourvest, Bodilis, Plousganou, Pleiben, Hanvec Neubourg Saint-Denis des Monts (ces deux paroisses en Normandie) et Guingamp. Il est l'auteur, outre *Emgann Kergidu*, de *Toull al lakez*, « Le trou du valet » Lefournier/Salaün, Brest/Quimper, 1878 et de *Buhez St-Fransez* (« La vie de Saint-François »), Desmoulins, Landerneau 1889.

[3] Guillaume Le Borgne, Séglian 05-03-1840, Séglian 05-01-1927. Il est l'auteur d'une pièce de théâtre : *Er spontailleu* « Les épouvantails », Dihunamb, An Oriant 1911, de chansons et de nouvelles.

Peurunvan :
Un dervez hag un nozvezh ay oa edomp e koad Kermenguy hep ober netra nemet diskuizhañ ha purañ hon armoù. An Aotrou de Kerbalanek ay ae hag a deue en hon-touez, teñval e benn. Ne lavare ger ha ne ouiemp ket petra ay oa o tiaezañ e spered, mes anat oa deomp ned ae ket an traoù hervez e c'hiz. N'ec'het oamp hon-unan o welet hor mestr glac'haret hag ankeniet.

Graphie Universitaire :
Eun dervez hag eun nozvez ay oa edom e koad Kermenguy heb ober netra nemed diskuiza ha pura on armou. An Aotrou de Kerbalaneg ay ee hag a deue en on touez, teñval e benn. Ne lavare ger ha ne ouiem ket petra a yoa o tiêza e spered, mez anad oa deom ned ee ket an traou hervez e hiz. Nehet oam on-unan o weled or mestr glaharet hag ankeniet.

Etrerannyezhel :
Un derwezh hag un noswezh ay oa edomp e koad Kermenguy heb ober netra nemet diskuizhañ ha purañ hon armoù. An aotrou de Kerbalaneg ay ae hag a deue en hon toues, teñwal e benn. Ne lavare gêr ha ne ouiemp ket petra ay oa o tiaezañ e spered, mes anad oa deomp ned ae ket an traoù herwez e c'his. Nec'het oamp hon-unan o weled hor mestr glac'haret hag ankeniet.

Traduction.
« Il y avait un jour et une nuit que nous étions dans le bois de Kermanguy à ne rien faire sauf nous reposer et astiquer nos armes. Monsieur de Kerbalanek allait et venait, la tête sombre. Il ne disait rien et nous ne savions pas ce qui incommodait son esprit, il nous était évident toutefois que les choses n'allaient pas à sa convenance. Nous étions inquiets nous mêmes de voir notre maître chagriné et affligé ».

Texte de Guillam er Borgn:
Texte original :
Én amzér mé komzan d'oh amen - chetu a boén hantér kant vlé - ne oé ket ken stank er skolajeu él hiriù en dé, na ken héntet get er vugalé. Eùé, a bouiz ré ker hag ar ré pinùik - de laret er ré en doé en tu devout skoleit - é oé nebed, d'er hours-sé, en dud e houié er

galleg. Er vugalé peur hag e venné dehé en diskein en hum hopré, liés mat, él bugulion seud e bro Gall.

Peurunvan :

En amzer ma komzan doc'h[1] *amañ - setu a-boan hanter kant vlez*[2] *- ne oa ket ken stank ar skolajoù èl hiziv an deiz, na ken hentet gant ar vugale. Ivez a-bouez re ker hag ar re pinvik - da laret ar re en doa an tu da vout skolaet - a oa nebeut, d'ar c'houlz-se, an dud a oueze ar galleg. Ar vugale paour hag a venne dezhe en deskiñ en em hopre, lies mat, èl bugulion saout e Bro-Gall.*

Graphie Universitaire :
Én amzér ma komzan doh amañ, setu a-boen hantér kant vlé, ne oé ket kén stank er skolajeu èl hiriw en dé, na kén hentet ged ar vugalé. Éùé a-bouéz ré kér hag ar ré pinùig - de lared ar ré en-doé en tu de voud skoleit - e oé nebeud d'er houlz-sé, en dud e ouié er galleg. Er vugalé peur hag e venné dehé en deskein en em hopré liéz mad èl bugulion saout é Bro-Gall.
Etrerannyezhel:
En amzer ma komzan doc'h amañ, setu a-boan hanterkant vlez, ne oa ket ken stank ar skolajeu èl hiziw an deiz, na ken hentet gand ar vugale. Iwez a-bouez re ker hag ar re pinwik - da lared ar re en doa an tu da vout skolaet - a oa nebeud d'ar c'houlz-se, en dud a ouie ar galleg. Ar vugale paour hag a venne deze en deskiñ en em hopre lies mat èl bugulion saout e Bro-Gall.

Traduction :
« A l'époque dont je vous parle ici, il y a cinquante ans à peine, les collèges n'étaient pas aussi nombreux que maintenant, ni aussi fréquentés par les enfants. Ils étaient également beaucoup trop chers et les riches - donc ceux qui avaient l'occasion d'être scolarisés - étaient peu nombreux, à cette époque-là, ils savaient le français. Les enfants pauvres qui voulaient l'apprendre se gageaient souvent à garder les vaches en France ».

---

1 Le suffixe *-oc'h* est analogique sur le modèle de *evidoc'h. doc'h* est donc bien différent de *deoc'h.*

2 Le forme *blez* à une étymologie différente de l'usuel *bloaz.*

Phonologie[1] du breton.

On trouvera ici la phonologie de parlers bretons traditionnels. Ainsi que nous l'avons vu, il existe trois grandes zones dialectales : nous indiquerons le système phonologique de deux parlers de la zone sud-est, Ile de Groix[2] et Belle-Ile-en-Mer, pour deux parlers de la zone centrale, Bothoa et Argol, et celui du Nord-Finistère, puis celui du Bourg-Blanc. La tendance de prendre la phonologie et la prononciation de la zone nord-est comme référence standard, bien que faible, existe : l'orthographe du breton étant basé sur le dialecte de cette zone, cette prononciation est amenée à gagner de l'importance, la langue écrite influençant toujours on le sait la langue parlée. Sur le plan pédagogique, la prononciation standard faciliterait l'enseignement du breton : écrire en *peurunvan* et prononcer de manière « vannetaise », par exemple, suppose une gymnastique préjudiciable à un enseignement rationnel. Qu'en serait-il de l'enseignement de l'anglais si chaque professeur enseignait la prononciation de son village d'origine, sud du Yorkshire, ouest du Northumberland etc....? Mais en Grande-Bretagne, les dialectes sont vivants.

---

1 La phonologie est l'analyse, le regroupement et le classement des sons d'une langue ou d'un parler donné. Cela n'est donc en aucun cas un inventaire des sons.

2 Les parlers de ces deux îles étaient parfaitement imperméables l'un à l'autre, bien qu'elles soient proches géographiquement l'une de l'autre .

Phonologie du parler de l'Ile de Groix[1] **(Sud du Morbihan).**

Consonnes.

	labiales	dentales	palatales	vélaires
Occlusives sourdes	p	t	č	k
Occlusives sonores	b	d	ǰ	g
Nasales	m	n	ɲ	ŋ
Latérales		l		
Vibrante		r		
Fricatives sourdes	f	s	š	x
Fricatives sonores	v	z	ž	
Semi-voyelle non-arrondie			j	
Semi-voyelles arrondies orales			ẃ	w
Semi-voyelle arrondie nasale				w̃

Voyelles orales.

	antérieures	palatales	vélaires
Fermées	i (:) y (:)		u (:)
mi-fermées	e (:) ø (:)		o (:)
ouvertes		a (:)	

voyelle neutre ə

Voyelles nasales.

ã, ẽ

Diphtongues.

ea, eo, ea:, eo: eã

ei, øy, ou, ae

---

[1] Elmar Ternes, *Grammaire structurale du breton de l'Ile de Groix*, Heidelberg 1970, pp. 1-2.

Phonologie du parler de Belle-Ile-en-Mer[1] (Sud du Morbihan).

Consonnes.

	labiales	dentales	palatales	vélaires
Occlusives sourdes	p	t	č	k
Occlusives sonores	b	d	ǰ	g
Nasales	m	n	ɲ	ŋ
Latérales		l	ľ	
Vibrante		r		
Fricatives sourdes	f	s	š	x
Fricatives sonores	v	z, ð	ž	
Semi-voyelle non-arrondie			j	
Semi-voyelles arrondies orales			ẃ	w
Semi-voyelle arrondie nasale				w̃

Voyelles orales.

	antérieures	palatales	vélaires
Fermées	i, y	u	
mi-fermées	e, ø		o
ouvertes		a	

voyelle neutre ə

Voyelles nasales.

ã, ẽ, õ

---

1 Patrick Le Besco, « Le breton de Belle-Ile-en-Mer », *Zeitschrift für celtische Philologie*, n° 45, p. 194. On constatera que dans ce dialecte il n'y a pas, dans l'inventaire phonologique, de diphtongues. Cela ne signifie nullement que, phonétiquement, elle n'existe pas. Cela signifie qu'une diphtongue est aussi analysable en séquence de deux phonèmes.

Phonologie du parler d'Argol[1] (Finistère).

Consonnes.

	labiales	dentales	palatales	vélaires	glottale
Occlusives sourdes	p	t		c	k
Occlusives sonores	b	d		ǰ	g
Nasales	m	n		ɲ	ŋ
Latérales		l	l̆		
Vibrante		r			
Fricatives sourdes	f	s	š	x	h
Fricatives sonores	v	z	ž		
Semi-voyelle non-arrondie			j		
Semi-voyelles arrondies orales			ẃ	w	

Voyelles orales.

	antérieures	palatales	vélaires
Fermées	i y		u
mi-fermées	e ɛ ø		o
ouvertes		a	

Voyelles nasales.

ã, ẽ, ɛ̃, ɔ̃

Diphtongues.

aɛ, au, ao, ɛi, ɛo, ɑ̃ɔ̃, ɛ̃ɔ̃

---

1 André Bothorel, *Étude phonétique et phonologique du breton parlé à Argol (Finistère-sud)*, Université Lille III, Breizh, Lille / Spezed 1982.

Phonologie du parler de Bothoa[1] (Finistère centre).
Consonnes.

	labiales	dentales	palatales	gutturales	
Occlusives sourdes	p	t	č	k	
Occlusives sonores	b	d	ǰ	g	
Nasales	m	n	ɲ	ŋ	
Latérales		l			
Vibrante				r	
Fricatives sourdes	f	s	š		h
Fricatives sonores	v	z	ž		
Semi-voyelle non-arrondie			j,		
Semi-voyelles arrondies orales			ẃ	w	

Voyelles orales.

	antérieures		palatales	vélaires
Fermées	i y			u
mi-fermées	ʏ e ɛ	œ	ω o	
ouvertes			ɑ	

La durée et la nasalité sont pertinentes.

voyelle neutre ə

---

[1] Humphrey Lloyd Humphreys, *Phonologie et morphosyntaxe du parler breton de Bothoa en Saint-Nicolas-du-Pélem (Côtes-d'Armor)*, Ar Skol Vrezoneg / Emgleo Breiz, Brest 1995, pp. 53-184.

Phonologie du breton du nord Finistère[1].

Consonnes.

	labiales	dentales	palatales	vélaires	glottale
Occlusives sourdes	p	t		k	
Occlusives sonores	b	d		g	
Nasales	m	n	ɲ		
Latérales		l	l̆		
Vibrante		(r)	r		
Fricatives sourdes	f	s	š	x	h
Fricatives sonores	'f v	z	ž		
Semi-voyelle non-arrondie			j		
Semi-voyelles arrondies orales			ẃ	w	

Voyelles orales (Haut-Léon).

	antérieures	palatales	vélaires
Fermées	i (:) y (:)		u (:)
mi-fermées	e (:) ɛ:	ø (:)	o (:)
ouvertes		a (:)	

Voyelles nasales (Haut-Léon).

	antérieures	palatales	vélaires
Fermées	ĩ ỹ		ũ
mi-fermées	ẽ ɛ̃	ø̃	õ
ouvertes		ã	

Voyelles orales (Bas-Léon).

	antérieures	palatales	vélaires
Fermées	i (:) y (:)		u (:)
mi-fermées	e (:) ɛ (:)	ø œ (:)	ɔ (J:) o (:)
ouvertes		a (:)	

Diphtongues.

ai̯, aỹ̯, eo̯, iu̯, ou̯, ae̯, ao̯, ãõ̯

---

[1] Elmar Ternes, « Propositions pour un système de prononciation standard du breton », *Zeitschrift für die celtische Philologie*, 36, 1977, pp. 180-198. Il ne s'agit pas là de la description de la phonologie d'un parler d'une localité précise mais d'un description moyenne valable pour le Nord-Finistère.

Phonologie du breton du Bourg-Blanc[1] (Bas-Léon). Consonnes.

	labiales	dentales	palatales	vélaires
Occlusives	p	t	č	k
Occlusives	b	d	ǰ	g
Nasales	mm	n, nn	ɲ	
Latérales		l, ll	ľ	
vibrante			r, rr	
Fricatives sourdes	f	s	š	x h
Fricatives sonores	v, vh	z	ž	
Semi-voyelle non-arrondie			j	
Semi-voyelles arrondies orales			ẃ	w

Voyelles orales.

	antérieures	palatales	vélaires
Fermées	i y		u
mi-fermées	e ɛ	ø œ	ɔ o
ouvertes		a	

Voyelles nasales.

	antérieures	palatales	vélaires
mi-fermées	ɛ̃	ø̃	õ
ouvertes	ã		

Phonétique.

Si la phonologie est le classement des sons d'une langue, la phonétique est en revanche l'analyse des sons et de leurs degrés d'articulation. Les degrés d'articulation des sons du breton peuvent varier puisque la langue est fortement dialectalisée. Je ne parlerai donc ici que des faits qui sont généraux dans les divers parlers bretons :

-Les occlusives (et tout particulièrement les sourdes) sont post-aspirées à l'initiale.

-Les consonnes sont implosives en finale absolue.

---

1 François Falc'hun, *Le système consonantique du breton*, Pilhon, Rennes 1951.

-L'opposition sonore / sourde est neutralisée en finale absolue, dans cette position donc, les occlusives, les fricatives et les vibrantes[1] sont sourdes.

-/i, o, ɛ/ sont légèrement plus ouverts qu'en français.

/ə/ est légèrement plus fermé qu'en français.

La phonétique est précisément ce qui donne une couleur générale à l'audition d'une langue, c'est ce qu'on appelle généralement de manière sommaire « l'accent ». Tout le monde a rencontré des étrangers parlant un excellent français mais que l'on identifie immédiatement comme étrangers. C'est qu'en fait ils parlent français avec la phonétique de leur langue maternelle. Ils respectent généralement la phonologie du français mais articulent les sons comme dans leur langue. Ils parlent français avec la phonétique d'une langue étrangère. Il arrive aussi que par la pratique répétée d'une langue étrangère et par l'immersion dans un autre milieu linguistique que celui de sa langue maternelle, on puisse adopter, à son insu, la phonétique de cette langue dominante pour sa propre langue. C'est qui se passe en Bretagne. La langue vernaculaire est devenue le français. Son influence sur la phonétique du breton est considérable : seul les locuteurs les plus âgés ont encore une phonétique réellement bretonne. Les points d'articulation tendent de plus en plus à se rapprocher de ceux du français.

Phonétique du néo-breton.

Chez les néo-locuteurs, qu'ils s'essaient au breton dialectal ou parlent un breton standardisé, la phonétique est à peu près entièrement française.

Sur bien des aspects les néo-locuteurs tendent vers le purisme, en éliminant un grand nombre d'emprunts lexicaux au français ainsi que de nombreux gallicismes. Le néo-breton est entièrement dépendant du français sur le plan de la phonétique.

De nombreux néo-bretonnants sont influencés par l'orthographe du breton et prononcent en finale absolue les lettres écrites d'où

---

[1] Le /r/ était autrefois roulé en breton, sous l'influence du français sa réalisation est la même qu'en français dans la plupart des communes.

des prononciations comme /gwad/, /mab/ etc., qui sont pour /gwat/, /map/ (*gwad, mab* « sang, fils »).
Cela dit, que la phonétique du breton des néo-locuteurs et des enfants de ces néo-locuteurs qui sont élèves en breton soit française ne saurait être un critère, à moins d'être de mauvaise foi, pour dévaloriser leur démarche. L'hébreu est une langue entièrement revivifiée, c'est la langue officielle et vernaculaire d'un état et on le parle avec des phonétiques yiddish, russe, arabe, anglaise, italienne etc.

Le sandhi.
Ce mot, sandhi, désigne les modifications que peuvent subir dans la phrase les phonèmes des finales aux contact des mots suivants. C'est un phénomène de liaison qui dans les graphies modernes ne s'écrit pas. Les règles principales sont les suivantes :

les sourdes deviennent sonores au contact d'une voyelle : /mamap/ + /e/ = /mamab e/ « mon fils, c'est mon fils ».

lorsqu'une sourde précède une sonore, les deux consonnes sont soit toutes les deux sourdes ou toutes les deux sonores :

/memøs laret/ + /dox/ = /memøs lare tox/ *me am eus laret deoc'h* « je vous ai dit ».

/pep/ + /den/ = /peb den/ *pep den* « chaque homme ».

De nombreux néo-bretonnants sont influencés par la langue écrite et ne réalisent que très peu le sandhi et disent des choses comme /gwelout em øs/ pour /gweled em øs/, *gwelet em eus* « j'ai vu », /reteo/ pour /redew/ « il faut » etc.

Les jours de la semaine.
Série 1.

lun	« lundi »
meurzh	« mardi »
merc'her	« mercredi »
yaou	« jeudi »
gwener	« vendredi »
sadorn	« samedi »
sul	« dimanche »

Série 2.

dilun	« lundi »
dimeurzh	« mardi »
dimerc'her	« mercredi »
diryaou	« jeudi »
digwener	« vendredi »
disadorn	« samedi »
disul	« dimanche »

Emploi:
Série 1 : ce sont des substantifs

Sul kentañ ar bloaz, lun diwezhañ ar miz, bep meurzh « le premier dimanche de l'année, le dernier lundi du mois, chaque mardi ».

D'ar merc'her e tesk brezhoneg « il apprend le breton le mercredi ».

-pour parler du jour en question, on fait précéder ces substantifs de l'article défini :

Al lun eo hiziv « c'est lundi aujourd'hui ».

Série 2 : ce sont des adverbes, ils s'utilisent pour parler d'un jour passé ou à venir :

Aet eo d'ho kwelet digwener, ne vo ket amañ a-raok disadorn « il est allé vous voir vendredi, il ne sera pas là avant samedi ».

Les mois de l'année[1].

genver	« janvier »
c'hwevrer	« février »
meurzh	« mars »
ebrel	« avril »
mae	« mai »
mezheven, even, foen	« juin »
gouerelen, gouere	« juillet »
eost	« août »
gwengolo, gouel-Mikel	« septembre »
here, henderoal	« octobre »
du, kala-gouiañv	« novembre »

1 Les formes trop localisées ne sont pas reprises ici.

kerzhu, du, an avent « décembre »

Les saisons :

hañv « été »
diskar-amzer « automne »
gouañv, gouiañv « hiver »
nevez-amzer « printemps »

Les fêtes religieuses.

Nedeleg « Noël »
ar Rouanez « Epiphanie »
ar Goulou « Chandeleur »
Meurlajez « Mardi-gras »
Yaou Gamblid « Jeudi saint »
Pask « Pâques »
Lun Fask « Lundi de Pâques »
Pantekost, Sul gwenn « Pantecôte »
Yaou Bask « Jeudi de l'Ascension »

Les moments de la journée.

beure, mintin ; beurevezh, mintinvezh « matin ; matinée ».

kresteiz « midi ».

enderv, goude-kreisteiz ; endervezh « après-midi ; durée de l'après-midi ».

abardaez ; abardaevezh « soir ; soirée ».

noz ; nozvezh « nuit ; nuitée ».

hanternoz « minuit ».

Les repas.

lein, dijuni, merenn-vihan, « petit déjeuner »

adlein, kaskrout, kolasion « collation de dix heures », elle a lieu surtout en été lorsque l'on commence à travailler très tôt.

merenn « déjeuner (repas de midi) »

adverenn, merenn d'enderv « goûter »

koan « dîner (repas du soir) »

adkoan, fiskoan « souper » collation après le dîner lors de fêtes exceptionnelles.

Nota : comme en français, il s'est produit en breton un déplacement du nom des repas, aussi dans bien des localités le nom du repas de midi est *lein* auquel cas le nom du petit déjeuner est *lein-vintin* ou *dijuni.*

Les points cardinaux.

hanternoz, norz « nord »
biz « nord-est »
gwalarn « nord-ouest »
gwalarn-uhel, gwalarn-izel « nord-nord-ouest »
reter « est »
gevred « sud-est »
mervent « sud-ouest »
kornog « ouest »
kreisteiz, su « sud »
mergevred « sud-sud-est »

La toponymie.

La toponymie est un domaine particulièrement prisé des Bretons et nombreux sont ceux qui désirent connaître la signification des toponymes de leur localité. C'est aussi une science difficile qui demande d'excellentes connaissances en philologie, il très important de bien connaître l'histoire des langues brittoniques. De plus il est impératif de faire l'histoire des formes que l'on veut analyser, c'est-à-dire rechercher les formes anciennes. Les graphies modernes des cartes d'état-major sont parfois trompeuses et bien souvent une forme ancienne peut donner l'explication d'une forme moderne.

On trouvera ici quelques clefs pour comprendre comment sont formés bien des toponymes bretons :

breton *plou* « paroisse[1] » :
Plabennec *plou + Abennoc*
Plogonnec *plou + Conoc*[2]

---

[1] Ce mot n'est plus en usage dans la langue moderne, il est attesté en vieux-breton *ploe*. Il existe en gallois, *plwyf*, et en cornique, *plu*.

[2] Probablement saint Koneg, moine, évêque, disciple de saint Paul, sa fête est le cinq septembre.

Plomelin	*plou + Merin*[1]
Plomodiern	*plou + Modiern*
Plounerin	*plou + Nerin*[2]
Ploumilliau	*plou + Milliau*
Ploufragan	*plou + Fracan*[3]
etc.	

breton *kêr* « village » :

Kerlouan	*kêr + Louan*[4]
Kernilis	*kêr + iliz* « église »
Kerlaz	*kêr + glaz* « bleu »
Kêrfot	*kêr + faod* « déversoir »
Kermoroh	*kêr + moroc'h* « marsouin »
etc.	

breton lann « ermitage » :

lanmerin	*lann + Merin*
Lannédern	*lann + Edern*[5]
Lanrie	*lann + Riec*[6]
Lanndudal	*lann + Tugdual*[7]
Landeleau	*lann + Teliau*[8]
etc.	

---

1 Saint Merin ermite écossais venu en Bretagne au VIIe siècle, sa fête est le cinq février.

2 Saint Nerin, évêque, né au Pays de Galles et mort à Plounerin, sa fête est le trente et un mai.

3 Personnage de *La vie de saint Gwenolé.*

4 Saint Louan (ou saint Elouan), ermite irlandais du VIIe siècle installé dans la paroisse de Saint-Gwenn, sa fête est le vingt-huit août.

5 Moine de l'abbaye de Landévennec qui fut ermite et mourut à Lannédern, sa fête est le vingt-neuf août.

6 Moine du 5e siècle, disciple de saint Gwenolé, sa fête est le treize février.

7 Évêque de Treguier au VIe xiècle, sa fête est le trente novembre.

8 Évêque de Llandaff (Pays de Galles), sa fête est le neuf février;

L'anthroponymie.

La recherche de la signification des noms de famille fait partie des préoccupations de nombreuse personnes ; L'anthroponymie, pas plus que la toponymie, n'est une science facile. On trouvera ici une courte liste de noms propres courants en breton avec leur signification.

Le *le* que l'on trouve dans *Le Floc'h*, *le Moal* etc. n'est en fait que la traduction française de l'article breton *an / ar / al*. Ce sont donc des patronymes en partie francisés par les officiers d'état civil.

Abjean	*mab* « fils » + *Jean.*
Apprioal	*mab* « fils » + *Riwall.*
Le Bihan	*bihan* « petit ».
Le Bras	*bras* « grand ».
Le Buhé	*buhez* « vie ».
Le Cabellec	*kabelleg* « pourvu de chapeau ».
Calloc'h	*kalloc'h* « entier » (= non-castré).
Caro	*karv* « cerf ».
Le Corre	*korr* « nain ».
Le Coz	*kozh* « vieux ».
Le Dean	*deuñv* « gendre ».
Le Dévéhat	*diwezhat* « tard ».
Le Dorze	*torzh* « miche de pain ».
Le Floc'h	*floc'h* « page ».
Le Gall	*gall* « étranger, français ».
Gargadennec	*gargadenneg* « pourvu de gosier ».
Goadec	*gwadeg* « pourvu de sang »
Le Goas	*gwaz* « homme ».
Le Guellec	*kelleg* « pourvu de testicules ».
Habasc	*habask* « doux, aimable ».
Hénaff	*henañ* « ainé ».
Le Lagadec	*lagadeg* « pourvu d'yeux ».
Le Magueres	*magerez* « nourrice ».
Le Map	*mab* « fils ».
Mazeo, Mahé	*Mazhev* « Matthieu ».
Le Moal	*moal* « chauve ».
Le Moigne	*mogn* « manchot ».
Le Ny	*niz* « neveu ».
Paugam	*pav* « patte » + *kamm* « boiteux ».

Le Prat *prad* « pré ».
Le Scouarnec *skouarneg* « pourvu d'oreilles ».
Taldir *tal* « front » + *dir* « acier ».
Le Touze *touz* « tondu ».

Explication des symboles phonétiques.
Je me suis efforcé d'utiliser autant que possible des symboles phonétiques ayant la même valeur que l'alphabet français, il n'a pas été possible de le faire toutefois pour tous les sons et phonèmes dont je voulais parler. Voici la liste des symboles dont il paraît utile de préciser la valeur aux lecteurs non-spécialistes ; les symboles sont expliqués en donnant en équivalence des mots français anglais ou allemands, les graphèmes représentant ces phonèmes sont en gras :

voyelles:

/ɛ/ français, ***craie***, ***était***.
/ə/ français *je*, *petit*.
/ø/ français ***creux***, ***nœud***.
/œ/ français *peur*, *meurtre*.
/u/ français ***cour***, ***pour***.
/y/ français *une*, *prune*.
/ɔ/ français *mort*, ***Paul***.

-semi-voyelles:

/ẃ/ français *huile*.
/w/ anglais ***water*** « eau », ***watt*** « watt ».
/j/ français *yo-yo*, *yoga*.

-consonnes :

/ľ/ français *soulier*.
/θ/ anglais ***thin*** « fin », ***think*** « penser », ***thirty*** « trente ».
/ð̌/ anglais ***that*** « cela », ***them*** « eux ».
/š/ français ***charme***, ***chaud***.
/č/ anglais *research*.
/ǰ/ anglais *judge* « juge », *journal* « journal ».
/ž/ français *jour*, *orage*.

/x/ allemand *loch* « trou », *ach* « mais ».
/ŋ/ anglais *seeing* « voyant », *walking* « marchant ».
/ɲ/ français *gnôle*, *oignon*.

-signes diacritiques:
~ indique que la voyelle sur laquelle est ce symbole est nasale.
: indique que la voyelle se trouvant avant ce signe est longue.

6 CARTES

Carte n° 1, classification courante des dialectes bretons :
1 léonard.
2 trégorrois.
3 cornouaillais.
4 vannetais.

Carte n° 2, répartition du nom de l'*oiseau* .

D'après l'*Atlas linguistique de la Basse-Bretagne*[1], carte n° 191.
1 *labous.*
2 *evn.*
3 *polog.*
4 *pousin.*
5 *pichon.*
6 *yar.*

1 Le Roux, Pierre, 1977 (réédition), *Atlas linguistique de la Basse-Bretagne*, Paris/Rennes: Plihon/Champion.

Carte n° 3, répartition du nom du *pantalon*.
D'après l'*Atlas linguistique de la Basse-Bretagne*, carte n° 39.
1 *lavreg*.
2 *bragez*.
3 *bragoù*.
4 *otoù*.
5 *kulotoù*.
6 *kulot*.

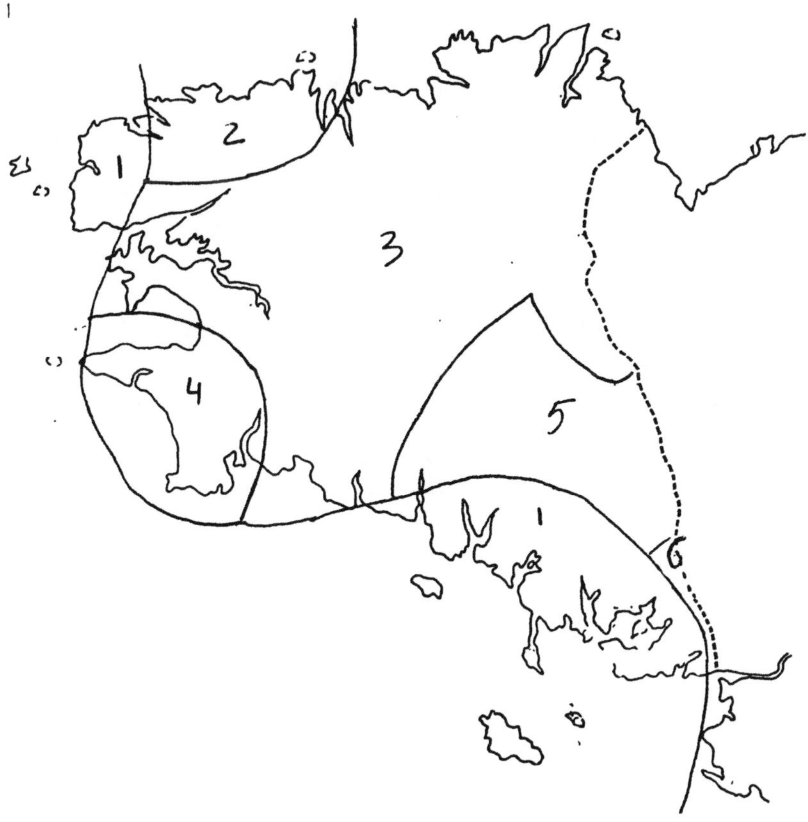

Carte n° 4, les trois zones dialectales bretonnes.
D'après l'*Atlas linguistique de la Basse-Bretagne.*
1 /θ/ historique < /z/ ; /ð/ historique < /z/.
2 /θ/ historique < /z/ ; /ð/ historique < ø.
3 /θ/ historique </x/, ø ; /ð/ historique < ø.

Carte n° 5, le recul du breton.

D'après Léon Fleuriot, Les origines de la Bretagne, Payot, Paris, 1980, carte n° 6.

1 Limite du breton au XVIIe siècle et de la zone bretonne « pure ».

2 Au sud de cette ligne /k/ initial est palatalisé avant /e/ et /i/.

5 Limite extrême du breton au IXe siècle. Entre les lignes 1 et 5, le breton persista à côté du français jusqu'aux XIIe ou XIVe selon les lieux, c'est une zone mixte.

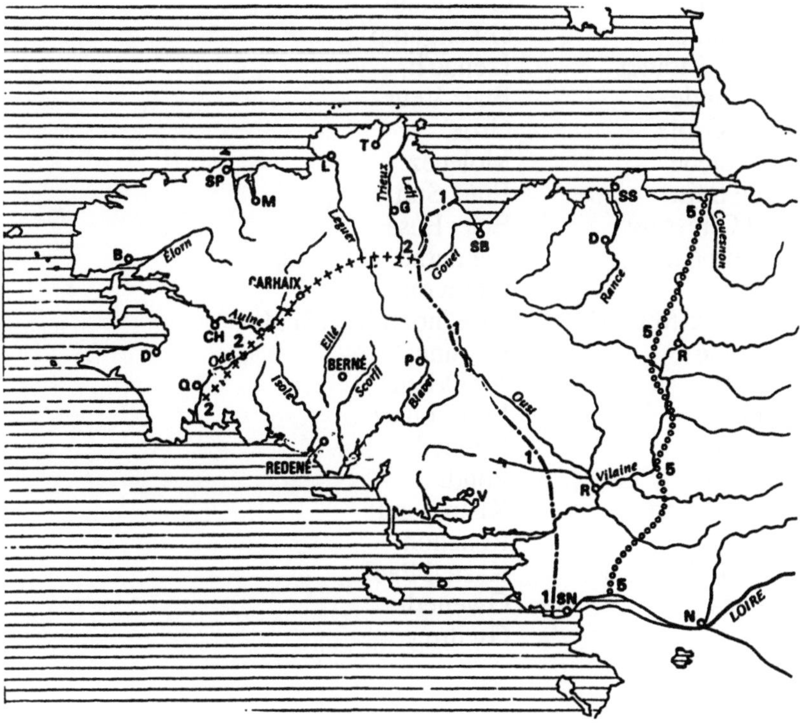

Noms des principales localités en français et en breton.

Audierne	Gwaienn
Auray	An Alre
Belle-Ile-en-Mer	Gêrveur
Concarneau	Konk Kerne
Châteaulin	Kastellin
Grandchamp	Gregam
Gueméné-sur-Scorff	Ar Gemene
Guérande	Gwenrann
Guingamp	Gwengamp
Ile-aux-Moines	Izenac'h
Ile-Grande	Enez Veur
Ile de Groix	Groe
Ile-Molène	Molenez
Ile de Sein	Enez Sun
Ile d'Ouessant	Enez Eusa
Landerneau	Landerne
Lannion	Lannuon
Le Vieux-Marché	Ar C'hozh Varc'had
Locminé	Logunec'h
Lorient	An Oriant
Morlaix	Montroulez
Nantes	Naoned
Pontivy	Pondi
Questembert	Kistreberzh
Rennes	Roazhon
Saint-Pol-de-Leon	Kastell Paol
Vannes	Gwened
Vitré	Gwitreg

7 BIBLIOGRAPHIE

Bibliographie[1].

Apprentissage de la langue.

Per Denez, *Brezhoneg...buan hag aes*, Omnivox, Paris 1972 (régulièrement réédité, en *peurunvan*).

Fañch Morvannou, *Le Breton sans peine*, Assimil, Paris 1975 (régulièrement réédité, en *etrerannyezhel*).

Jean Tricoire, Komzom, *Lennom ha skrivom Brezoneg*, Emgleo Breiz, Brest, 1° volume 1955, 2° volume 1963 (régulièrement réédité, en Graphie Universitaire).

Jules Gros, *Dictionnaire français-breton des expressions figurées*, deux volumes, Emgleo Breiz-Brud Nevez, Brest 1993 (en Graphie Universitaire).

-*Le trésor du breton parlé*, en quatre volumes : 1, Les Presses Bretonnes Saint-Brieuc, 1970 ; 2 Barr-Heol, Lannion, 1976 ; 3 Giraudon, Lannion 1977 ; 4, Skol Vreizh / Imram, Morlaix, Guingamp 1989 (en *peurunvan*).

Per Jakez Helias (éditeur), *Dictionnaire breton-français / français-breton*, Garnier, Paris 1986, (en Graphie Universitaire).

Roparz Hemon, *Dictionnaire Breton-Français*, Al liamm, Brest 1993 (en *peurunvan*).

-*Dictionnaire français breton*, Al Liamm, Brest, 1965.

Geriadur istorel ar brezhoneg, dictionnaire historique du breton, en cours de réédition, Preder, Châteaulin, 1959-.

-*Grammaire bretonne*, Al liamm, 1972.

René Le Gléau, *Dictionnaire classique français-breton*, dix volumes, Al Liamm, Brest, 1983-1994.

Jackson, Kenneth H.1967, *A Historical Phonology of Breton,* Dublin: Dublin Institute for Advanced Studies.

Henry Lewis, J. R. F. Piette, *Llawlyfr Llydaweg Canol*[2], Gwasg Prifysgol Cymru, Caerdydd, 1966.

---

[1] Les ouvrages de Hemon, Fleuriot et Jackson renvoient à des bibliographies détaillées.

[2] Ce travail est la meilleure synthèse sur le moyen-breton avec une présentation grammaticale et des choix de textes.

Textes populaires avec traduction.
Donatien Laurent, *Aux sources du Barzaz-Breiz*, Ar Men, Douarnenez 1989.
François Luzel, *Chants populaires de la Basse-Bretagne*, quatre volumes, Maisoneuve & Larose, Paris 1971.

Histoire, divers.
Fañch Broudic, *La pratique du breton du breton de l'ancien régime à nos jours*, Presses Universitaires de Rennes, Rennes 1995.
Commission d'histoire de Skol-Vreizh, *Histoire de la Bretagne*, cinq volumes, Skol-Vreizh, Morlaix 1983-.
Alain Croix, *Cultures et religion en Bretagne aux 16è et 17è siècles*, Apogée / Presses Universitaires de Rennes, 1995.
Léon Fleuriot, *Les origines de la Bretagne*, Payot, Paris, 1980.
Yves Le Berre, *La littérature de Langue Bretonne, Livres et brochures en 1798 et 1918*, Ar Skol Vrezoneg / Emgleo Breiz, Brest, 1994.
Michel Masson, *Langue et idéologie, les mots étrangers en hébreux moderne*, CNRS, Paris, 1986.

553134 - Janvier 2014
Achevé d'imprimer par

1livre.com
du rêve à la réalité !